HAWKING

霍金简史

〔英〕乔尔·利维 Joel Levy 著

左立华 任 轶 译

重庆大学出版社

序

2018年3月，斯蒂芬·霍金去世，为20世纪最令人难以置信的故事之一画上了句号。这个故事中，既有对时空概念最前沿的科学发现，也有面对诸多奇遇的浪漫情怀，以及对抗令人心碎的逆境时展现出来的英雄气概。这个传奇听起来非常值得被搬上大屏幕，事实也确实如此，到目前为止它已经被改编成两部电影了……

斯蒂芬·霍金的生活吸引了全世界数百万人的想象和钦佩。他创造了出版界的现象级事件。他见过教皇和总统，也曾经像摇滚明星一样被簇拥在音乐会大厅。他环游世界，体验零重力和热气球飞行，在全球最受欢迎的电视剧中客串演出，更有许多电影明星在银幕上饰演过他。霍金赢得了一系列非凡的奖项、荣誉和荣耀，从英国荣誉勋爵、美国总统自由勋章到阿尔伯特·爱因斯坦奖章，以及安万特书籍奖和罗马教皇科学院颁发的十一世勋章。

在1988年发表的《时间简史》获得巨大成功后，霍金成为他那一代的学者典范。在一个愈演愈烈的去智化时代，他利用完美的速记法向媒体和世人展示了复杂且富有挑战性的概念，比如科学和天才。他的公共形象超越了人类的标准并达到了原型的领域：一个残缺的肢体和电脑合成的声音，离缸中之脑只差几步，是完全脱离躯体存在的纯粹智力。不过，脱离他自己的生活，仅仅用他完成和所作的讲座来代表他真实的科学和个人成就，这是不妥的，也是想象的失败。他拒绝让疾病做主，拒绝让孤独挡路，这是毫无争议地具有激励意义的。尽管他可能不是继爱因斯坦之后最伟大的宇宙学家，甚至可能不是最顶尖的现代物理学家，但他这一生所研究的课题却是无比精彩和让人热血沸腾的。

本书致力于向大家展示，在某种程度上，任何人都可以参与到霍金所从事的这项智力活动中。书中会介绍他所从事的科学领域的背景，尽量让他理论中错综复杂的内容浅显易懂，不需要数学知识也可以理解。霍金说自己曾被提醒过，书中每多一个方程都会让可读性减半。我将遵循他的宗旨，尽量避免使用方程，除了他选为墓志铭的那个。

目录

第1章

懒惰的爱因斯坦

伽利略取代者：家庭和早年

　　斯蒂芬·威廉·霍金（Stephen William Hawking）生于1942年1月8日。正如霍金后来津津乐道的那样，那天正是伽利略去世整300年。虽然霍金父母双方的家境并不富裕，但霍金的父母弗兰克（Frank）和伊索贝尔（Isobel）都是在牛津大学读的书。

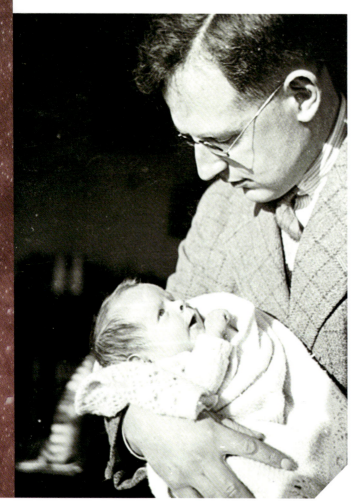

　　伊索贝尔的父亲是一个苏格兰医生。她的家人省吃俭用才凑够了她上大学的费用，在那个时代，这对于女孩子来说极其难得。霍金的父亲弗兰克来自英国北部的约克郡（以其淳朴的民风闻名），他从事热带医药研究，后来成了该领域的领军人物，也因此经常需要出国工作。

　　霍金的父母是在北伦敦的一个药学研究所工作时认识的，在第二次世界大战初期结了婚。当时他们住在北伦敦的海格特，之后因为德国炸弹的危险，他们不得已在伊索贝尔怀孕晚期搬到了牛津。在分娩前几天逛书店的时候，她买了一本天文地图集，后来她将此视为一个预兆。1942年1月8日，伊索贝尔生下了第一个孩子——斯蒂芬·威廉·霍金。

（左图）1942年，弗兰克·霍金抱着他的儿子斯蒂芬·威廉·霍金。那时霍金一家还住在北伦敦。

（右图）孩童时期的霍金在一条船上玩耍。尽管肢体不太协调，但是他的疾病还未显现。

在生下霍金之后，伊索贝尔回到了海格特，并在那里度过了八年。其间他们又有了另外两个孩子〔1943年出生的玛丽（Mary）和1946年出生的菲利帕（Philippe）〕，1955年，她和丈夫又领养了第四个孩子爱德华（Edward）。在海格特的时候，霍金上的是拜伦贵族学校，霍金后来将自己学习阅读上的困难归咎于该校提倡的"渐进教学法"。1950年，弗兰克被任命为国家医学研究院寄生虫学部的主任。研究院位于圣奥尔本斯，是北伦敦一个很富有的偏远小镇，全家也就跟着搬到了那里。

在圣奥尔本斯，霍金一家以古怪闻名。他们开的是一辆改装过的伦敦出租车，他家的大房子因疏于修缮而摇摇欲坠每况愈下，几欲坍塌。成堆的书堵住了墙缝，正好阻挡冬日寒风。弗兰克自己并不操心这种家内事务，因为他经常在热带国家出差，长时间不在家。在家里，霍金一家会默默地坐在餐桌旁，每人都沉浸在各自所读的书中。他们也以快枪似的聊天方式闻名（参见方框）。

霍金语

弗兰克·霍金说话带点结巴，家里其他人却以唠叨出名。霍金的朋友有个理论，这家人太聪明了，他们的头脑太快，想法太多，嘴却跟不上，这导致霍金和他的家人常常把单词和短语缩短，创造出一种特殊的被篡改的语言，朋友们把这种新语言称为"霍金语"。

一天一小时：学校和大学

在霍金一家搬到圣奥尔本斯后，八岁的霍金曾短暂地就读于一所女子高中（尽管称作女子高中，但其实男女学生都收）。在那里，他蓬乱的头发吸引了隔壁班一个女孩的注意，那就是七岁的简·怀尔德。她后来成了他的妻子。

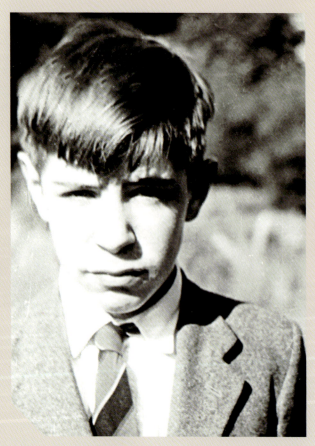

（上图）学童时期的霍金。跟其他一些知名科学家一样，霍金早期在学校里并不出色，主要是因为他们对正规教育缺乏兴趣。

最终霍金到了圣奥尔本斯的学校读书，在那里他用好奇的态度对待学业。他非常聪明，却不好好学习，总是远离班级前列。他同学都叫他"懒惰的爱因斯坦"。

尽管如此，霍金阅读广泛，擅长自学，并且展现出了对科学的强烈兴趣。跟许多孩子一样，他不断地询问关于自然界现象成因等各方面的问题，不过跟许多成人不同的是，他一直保持着这种孩童般的好奇本性，霍金后来认为这就是自己能够成就一番事业的动力。他也开始显示出了在智力上的傲慢，这在后来成了他的一个标志性特点。例如他在学校的朋友迈克尔·邱吉（Michael Church）回忆说，霍金曾在一个哲学辩论中愚弄他。

霍金在学生时代一个著名的贡献，是他在一个学校项目中参与组建了一台早期电子计算机。这台仪器被称为LUCE（Logical Uniselector Computing Engine），它是使用各种零件组成的，其中包括旧钟表和回收利用的电话配电盘。从 1957 到 1958 年，霍金和他的朋友们一直在为这个项目忙碌，甚至还登上了当地的报纸。四十年后，霍金在 COSMOS 的创造过程中扮演了关键的角色。COSMOS 是一台宇宙超级计算机，专门为处理超量数据而制造的，它主要用于宇宙学、天文物理和量子物理方面的研究。

霍金的父亲非常希望他毕业后能从事药学，但是霍金的兴趣却在更纯粹一些的科学上。不过他父亲确实成功地左右了他的学校选择，1959 年 10 月，霍金"高中"他父亲的母校——牛津大学大学学院。不过即使在那里，霍金也拒绝全身心投入在学习上。那个时候，努力学习的行为被认为是非常逊色的，有被认为是"灰怪人"的风险。霍金把

有没有可能判断出一个人将来能否成为天才？

比较艾萨克·牛顿、阿尔伯特·爱因斯坦和斯蒂芬·霍金的早年传记，可以发现许多相似之处。他们三个在学校里都不出色，至少早期是这样的。这很可能是因为他们的智力在那时并没有被全部投入利用。比方说，跟霍金一样，爱因斯坦在学生时代以懒惰和傲慢出名。他们三个都是自学成才，而且会经常处于恍惚或者走神的状态。当然在有动力的时候，他们可以很快名列前茅。比方说霍金，尽管在学校里一直吊儿郎当，却比正常时间早一年拿到了牛津大学的奖学金。此外，在孩童时代，他们三个科学家都喜欢做模型，或者摆弄机械玩具或者小玩意。

（右图）爱因斯坦，德国出生的物理学家，以发展相对论闻名。

这点记在心上，学习上是尽可能得过且过。他后来算过，在牛津大学的三年时间里，他总共只学习了一千个小时，折合每天一小时。

他加入了大学学院的赛艇俱乐部，为了成为一位特别大胆的舵手所耗费的时间比他在学习上多太多了。

（上图）1962年的牛津大学赛艇俱乐部。霍金位于照片右边的显眼位置，正把一张手帕高举在空中。在中间倒立着的是他的朋友戈登·贝里（Gordon Berry）。

（下图）一份剑桥的报纸记录了在一次对阵剑桥大学的时候，牛津舵手的船员们（包括霍金）令人失望的表现。那时的霍金看起来更喜欢划桨而不是学习。

Light Blues Win This Boat Race

THE annual coxswains' Boat Race between Oxford and Cambridge on the Cam on Saturday resulted in a 15-lengths victory for the Light Blues.

In very good conditions, the race, umpired by Mr. P. J. D. Allen, the captain of Jesus College Boat Club, was rowed from Ditton Corner to Peter's Posts. Both crews got off to a good start, Cambridge striking 35, Oxford 32. Cambridge established a length's lead in the first ten strokes, which they gradually increased.

The standard of rowing of both crews was a great deal higher than in previous years, which reflects great credit on the coaches, M. Reupke (Jesus, Cambridge) and J. L. Stretton (Trinity, Oxford), since neither crew had had more than the statutory six outings.

This race brings the score to ten victories for Cambridge and two for Oxford, since the event was started in 1949.

The Cambridge crew, which is so far unbeaten, has issued a challenge to "any irregular combination of lighthearted oarsmen, to a race from Ditton to Peter's Posts (or vice versa, depending on the direction of the wind) for a stake of nine pints" If the challenge is accepted, the racing will be at 2 p.m. on Thursday, March 10th.

C.U.C.S.—P. Gaskell-Taylor (Peterhouse), bow; J. A. M. Butters (Lady Margaret B.C.); D. M. Gill (Corpus); R. K. B. Hankinson (Trinity Hall); T. J. Hannah (Jesus), J. R. W. Keates (First and Third); S. Lomas (Downing); J. A. Morrison (Jesus), stroke; J. A. D. Innes (Fitz.), cox.

O.U.C.S.—H. G. Berry (Univ.), bow; M. P. Connon (B.N.C.); B. R. Wilson (Hertford); A. A. Jones (Lincoln); P. Groves (St. Cath's Soc.); S. W. Hawkong (Univ.); R. D. Finlay (Christ Church); M. H. Griffiths (Oriel), stroke; D. Hilton (Hertford), cox.

Printed by "Cambridge Daily News" (1929) Limited. A. C. Taylor, Managing Director. Theatre Buildings, St. Andrew's Street, Cambridge.

正是在牛津大学的时候，霍金日渐加重的肢体不协调开始变得愈发明显。他一直行动有些迟缓，并且笨手笨脚，但现在变得危险了。有一次他在学院里摔下楼梯，狠狠地撞到了头，并导致短暂的失忆。他朋友戈登·贝里回忆说，为了确保他没有遭受任何大的伤害，霍金还参加了一个智商测试，并拿到了一个超级高的分数。

到期末考试的时候，霍金会努力掩盖他的失败（特别是实践方面），通过只回答理论物理的问题来更专注于他的学习。根据他自己对于该事件的描述，他当时的成绩位于一等学位和二等学位的分界线上。当学位委员会面试他以决定授予他哪一等级时，他告诉委员会自己想继续从事学术科研，如果他能拿到一等的话，他就可以去剑桥大学，如果是二等的话，他就只能待在牛津大学了。因为急于摆脱他这个捣蛋鬼，委员会适时地给了他一等。从此霍金就要开始他撼动物理学基础的科学事业的第一步了。

（上图）1961 年，霍金和朋友从大学学院赛艇俱乐部返回大学。霍金在左边，戴着硬草帽。

（对角图）1960 年，霍金（左数第三个，坐在扶手椅上）和赛艇俱乐部队员获得了一场比赛的胜利。

在另一个星球上

  尽管不怎么用功，霍金卓越的天分还是被老师和学生看在眼里。他在牛津大学的一个朋友也是班上另外一个物理系学生，德里克·鲍尼（Derek Powney），回忆了他们第二年学习时的一件趣事。为完成某次作业，他们四个学生被安排一起做13道极其难的物理问题，另外三个学生忙碌了一周，却只完成了其中两道问题，而霍金却不屑于做这些题。在上课前的那个早上，虽然霍金拒绝了去听早上的课，但其他人还是强迫毫不情愿的霍金起来吃早饭做作业。三个小时后，他的三个同学回到学校，他们开玩笑似的问霍金做了几道题目。"我只有时间做完前十道。"他回答道。也就是在这个时候，他们认识到，论智力水平，霍金"在另一个星球上"。

（右图）霍金（右）和他的朋友戈登·贝里（左）还有德里克·鲍尼（中）。

第2章

死刑和缓刑

选择宇宙学: 上剑桥大学和开始读博

那是在牛津大学第三年的时候, 霍金正面临着专攻宇宙学还是基础物理的抉择, 他开始变得雄心勃勃。

他最后选择了宇宙学, 一门研究宇宙以及诸多相关话题背后的物理问题的科学, 这些话题包括星体的形成, 银河系的演化, 还有一些更奇特的现象, 例如黑洞。宇宙学要研究的可能是科学中最重要的问题: 宇宙从何而来?

霍金跟贾扬·纳利卡 (Jayant Narlikar) 上了一门暑期课程。贾扬是那个时代卓越的英国宇宙学家弗雷德·霍伊尔 (Fred Hoyle) 的研究生。那门课激起了霍金想在剑桥大学跟霍伊尔做博士的愿望。所以在牛津大学拿到一等学位之后, 霍金来到了剑桥大学的三一学院, 他当时的状态有些不堪重负。由于病症加重, 加上又遇上了地震, 霍金在波斯 (现在的伊朗) 度过了压力重重的暑假, 行动问题带给他的焦虑日益严重, 没有得到丝毫改善。

从学术上来说, 他面临的主要挑战是选一个博士研究课题。霍金长期痴迷于研究宇宙相关的重大问题, 这使得他对宇宙学相关的问题都比较感兴趣, 特别是爱因斯坦的相对论。

被分配给夏默

在霍金到达剑桥大学时, 情况并没有变好。令他沮丧的是, 霍伊尔的研究生名额已经满了。霍金被分给了一个他从来没有听说过的人, 丹尼斯·夏默 (Dennis Sciama)。那时候夏默还只是一个数学系讲师, 是霍伊尔在宇宙学和稳态理论上的同盟 (见第18-19页)。事实上, 这对于霍金来说其实是撞大运了: 霍伊尔经常出差, 根本没时间指导他的研究生, 而夏默却是一个擅长指导学生的教育者。另外, 他的研究兴趣跟霍金想做的一样, 那就是研究关于宇宙的至关重要的基础问题。

(左图) 晚年的印度籍天文物理学家贾扬·纳利卡。作为一个年轻的博士和博士后, 他跟随弗雷德·霍伊尔学习, 并且跟霍金成了朋友。

他知道自己对于基础物理或者粒子物理——他可能研究的理论物理的另外一个主要分支——基本不感兴趣。他认为粒子物理学家更像是植物学家或者动物学家，他们要做些对某些特别粒子进行分类的"动物园"性质的工作，而这些并不需要基于一个定义明确的内在理论。

另一方面，霍金认为相对论的研究是以爱因斯坦建立的定义明确的理论和方程为基础的，具有很好的研究前景，但是因为那些方程非常难以理解，以至于它的宇宙学意义还没有被很好地挖掘。尽管如此，致力于相对论的研究也给他带来了一些困扰，因为其中涉及的数学知识极其复杂，而霍金也缺乏必要的基础。因此，他开始去伦敦上一门相对论的课。

从抽象到具体

20世纪60年代是宇宙学激动人心的时期。在那之前，相对论主要是数学家的话题，没人觉得它跟应用物理有太大关系。然而，20世纪50年代射电天文学的诞生开始展现出天文学现象的一个新世界，例如脉冲星。而相对论是理解它们的关键。差不多相同时期，物理学家们例如约翰·惠勒（John Wheeler）在罗伯特·奥本海默（Robert Oppenheimer）和其他人工作的基础上，发展出明确的关于黑洞的理论。来自数学物理的抽象理论被天文学观察到的具体现象得以证实，这着实令人惊讶，深奥的宇宙学世界开始充满活力。

（上图）丹尼斯·夏默。他的敏锐和同理心帮助霍金从抑郁里走了出来，霍金开始沿着伟大科学的道路前行。

霍伊尔和稳态理论

弗雷德·霍伊尔是第二次世界大战后英国在天文学和宇宙学方面的领军人物。作为一个在星体科学和元素组成上有过突破发现的明星科学家，霍伊尔作为宇宙学稳态理论的代表人物尤为出名。

第二次世界大战以后，霍伊尔通过研究出星体的核合成理论，也就是元素形成（也就是它们的原子核被合成）的过程，而在教科书上占有一席之地。这个工作造就了著名的习语："我们都是由星尘组成的。"在帮忙回答了一个重大问题——"我们从哪里来？"之后，霍伊尔将注意力转换到了另外一个问题："这一切是如何开始的？"

宇宙正在扩张的证据，例如哈勃望远镜的红移现象的发现（见第 32 页），使得许多人提议说，宇宙肯定刚开始很小，而后扩张成了现在这么巨大。1945 年，霍伊尔开始做一系列的电台广播，他使用"炉边谈话"的形式，像聊天一样向大众普及天文物理学中深奥的概念。在这些广播的第一讲里，霍伊尔为这个爆炸宇宙起源理论随便起了一个名字："宇宙大爆炸（the Big Bang）"。

由于对宇宙大爆炸理论和它暗示的

（对角图）弗雷德·霍伊尔，第二次世界大战后英国领军天文物理学家，也是一位颇有影响力的科学传播者和理论学家。

（右图）霍伊尔的主要对手马丁·赖尔站在一个射电望远镜前面，它们正在开启宇宙的新窗口，让宇宙学的世界为之激动。

宇宙"魔法般地"无中生有的结论不满意，霍伊尔支持由他的朋友兼同事托马斯·戈尔德（Thomas Gold）发展的另一个理论，即宇宙一直存在，而且会永远存在。通过跟戈尔德和赫曼·邦迪（Hermann Bondi）合作，霍伊尔发展了一个理论，宇宙之所以看起来处于扩张状态，是因为新的星系不断地被创造出来，从而取代那些消失掉的。创造和灭亡是均衡的，从而产生一个稳定状态，称为"稳态理论"。

霍伊尔的主要对手是马丁·赖尔（Martin Ryle），一位组织过对宇宙各处星系射电源进行庞大观测的射电天文学家。在霍伊尔的连续创造模型里，具有射电源的星系以固定的速度被制造出来，所以应该均匀地分布在宇宙里。但是，宇宙大爆炸模型预测，由于射电源是在宇宙诞生之际被创造的，它们应该很古老，势必相隔遥远。1955年，赖尔宣布了他所做的看起来很明显是支持宇宙大爆炸理论的"剑桥观测"结果，不过之后发现其检测过程中出现错误，他这片刻的辉煌很快就暗淡了。

"我现在几乎可以毫不犹豫地说，一块棺布已经盖在了多病的宇宙大爆炸理论上"，霍伊尔自鸣得意地说。不过赖尔仍然是最终赢家。1961年，在经过多次重复修改之后，第四次剑桥观测的结果看起来是有利于赖尔的，这为这个事情下了定论。霍伊尔拒绝承认失败，直到1999年还坚持说大爆炸理论只是一个"毫无实际证据的巨大门面"。

逆势思维者霍伊尔

霍伊尔以他的逆势思维闻名。他于1972年从学术界退休，抱怨说其中牵涉太多政治了，不过还是继续支持许多有争议的观点。他支持有生源说的概念（即地球上的生物是由太空中彗星上的病毒孕育的），争论说巨石阵是作为日食预测器被建造的，攻击达尔文主义，并且支持智能设计（一种创世论者理论）的愿景。

（右图）生物分子分散在太空中。根据有生源说的理论，地球是由来自地球外的有机体孕育的。

有点震惊：诊断为肌萎缩性脊髓侧索硬化症

霍金日益恶化的肢体不协调和运动问题，让他在剑桥大学的第一学期和他在选择博士课题上的挣扎不值一提。

他发现自己越来越难完成类似系鞋带之类的事情，而且说话常常含糊不清，人也变得越来越笨拙。当他回到圣奥尔本斯过圣诞节的时候，父亲带他去看了医生，接着被推荐到了伦敦的圣巴塞洛缪医院。1963 年 1 月，刚过了 21 岁生日不久，霍金去该医院进行了详细的神经学检查，包括为了扫描造影而接受极其痛苦的脊椎放射性流体注射。

医学检查结果终于出来了，让人震惊的是，霍金患有肌萎缩性脊髓侧索硬化症（渐冻人症）。这是一种运动神经疾病，在美国常被称为卢·伽雷症，这名纽约洋基队的队员因为此病死于 1941 年。最初他们曾期望霍金的情况稳定，不过希望很快就破灭了，因为他的症状很明显地在恶化。尽管医生还不能确定他的症状发展有多快，但他们仍然被迫作出了可怕的预测——霍金可能只有两年时间了。霍金在回忆时轻描淡写地说道："当我认识到

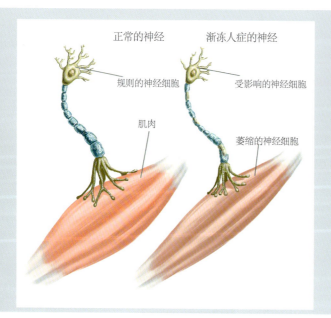

正常的神经　　渐冻人症的神经

规则的神经细胞

受影响的神经细胞

肌肉

萎缩的神经细胞

渐冻人症

渐冻人症是一种不可治愈和无法治疗的疾病，脊髓和大脑中管理自主肌肉活动的神经细胞会慢慢退化，转而使得它们关联的肌肉萎缩。自动肌肉例如心脏等是不受影响的，脑部也不会，不过这种病通常会极度地影响寿命，因为数年之后，它会导致呼吸肌肉的退化，从而导致肺炎或者窒息。在此之前，尽管患者的内脏和生殖系统肌肉不受影响，但其语言、饮食、行动等功能会渐渐丧失。

（左图）1939 年，美国棒球传奇卢·伽雷，深受渐冻人症折磨，在纽约的洋基队球场接受致敬时流下了眼泪。

（下图）渐冻人症患者的脑部扫描图。这个病会影响脑部的自主肌肉控制神经和神经系统的其他部分。

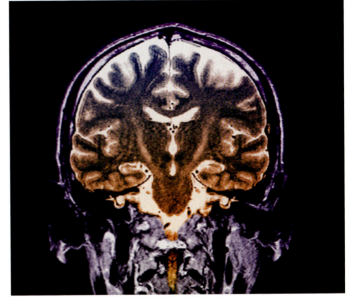

我得了不治之症，而且很可能过几年就会死，我有点受打击。"

所以理所应当地，霍金陷入了他未来妻子所描述的"很严重的抑郁状态……苛刻的黑色犬儒主义，需要长时间用最大音量的瓦格纳歌剧来帮助和治疗"。霍金躲在剑桥大学的房间里，听音乐，读科幻小说，被可怕的噩梦折磨，对他的博士学位几无兴趣，进展当然也不顺利。霍金的父亲跟霍金的导师申请，可否给他儿子安排一个在仅剩的短暂时间内可以完成的论文题目，然而，夏默意识到了霍金不可思议的潜力和他解决基础问题的欲望，很理智地拒绝了这个请求。

霍金和渐冻人症

霍金在身患无药可治的退化疾病的情况下，又成功地生活了50多年，而在正常情况下，得过此病的患者活不过两年。医生也说不清楚他是如何办到的，不过普遍认为这恰恰体现了这个疾病的个体差异性。通常来说，渐冻人症是致命的，因为它会导致呼吸肌肉退化，但对于霍金来说，他的疾病症状为他保留了足够的生存机能。另外，他拥有出色的无微不至的照顾和支持，可以减少和克服肺部感染的风险。

奇怪但非常聪明：与简相遇

紧随着让人震惊的诊断而来的，是霍金生命中的一个亮点，那就是他与简·怀尔德含苞绽放的浪漫爱情。在1962年底，在他们的故乡圣奥尔本斯的新年聚会上，两人第一次相遇。

其实在几个月之前，她就注意到了霍金，那次她从街对面瞄到了他，"一个步态尴尬的年轻人"，她在2007年的回忆录《飞向无限：和霍金在一起的日子》一书中回忆道，"他低着头，脸被一头桀骜不驯的浓密棕直发遮着"。一个朋友曾经描述他"奇怪但非常聪明"，而简却发现她自己"被他的幽默感和独立的性格吸引，欣赏他这些与众不同之处"。这发生在霍金的诊断出来之前，而简是在伦敦上学的时候得知消息的。一周之后她在火车站台无意中遇到了他。他邀请她去参加了一个伦敦的舞会，两人还同去伦敦看歌剧，不过他几

（上图）在剑桥大学五月舞会上的简和霍金，由菲丽希缇·琼斯（Felicity Jones）和埃迪·雷德梅恩（Eddie Redmayne）扮演，这是一部基于简的回忆录拍摄的电影。

简·怀尔德

简是一个圣奥尔本斯女孩，上的是跟霍金一样的学校，不过比他晚一年。他们相遇时，她刚被伦敦大学的西田学院录取，学习语言学。她的宗教信仰与霍金的无神论背道而驰，而她最初也被他智力上的傲慢吸引而又推开。简的乐观，尽管有些幼稚，却成了霍金获得慰藉和灵感的源泉，他后来也称赞她的精神帮助他找到了直面诊断的勇气。他们的婚姻生活和与之伴随的责任意味着简必须要暂缓自己的学术生涯，不过1981年她还是获得了自己的博士学位——专业是中世纪西班牙诗歌。她也热爱音乐，特别喜欢在合唱团里唱歌。

（右图）新婚的霍金和简。尽管他已经被渐冻人症严重影响到了，但对于霍金的病情，简还是刻意不去想太多。

乎不在意自己的疾病，而她发现自己必须要应付他的摔倒，还有"随着他的步态变得更加不稳，他的想法也会变得更加强人所难和目中无人"。这些都是他们将来生活的预兆。

霍金疾病带来的痛苦威胁到了他与简的恋爱关系，他试图将其掐死在萌芽状态。在剑桥大学草坪上玩槌球游戏的时候，他刻意让她难堪，"几乎不介意去掩盖他的敌意和沮丧，就像他在有意尝试把我推远，

脱离与他的联系一样"。不过简后来坦白道，她早就被他迷住了，而霍金在跟她分开一个夏天之后，也意识到了他们关系的价值。那个十月，他轻声地向她求婚了。婚礼的展望和一起的未来，虽然短暂，却给他带来了观念上的改变。现在霍金终于有了合适的动力，他一头扎进博士研究工作里，开始着手解决关于宇宙的深奥问题。

黑洞的介绍

在选择了将宇宙学中的一些最基本的问题——相对论、时空的引力和构造、宇宙的生命周期等作为他的博士课题之后，霍金展现出了他巨大的科研雄心。

（上图）罗杰·彭罗斯，摄于 1980 年。彭罗斯曾经是一个数学家，在丹尼斯·夏默的指引下转向了宇宙学。

（对角图）彭罗斯图表：在二维中表达宇宙的整个时空的一种方式。

这与他在科研上的无所畏惧是相称的，这点从他在博士二年级的时候就敢与英国宇宙学的重要人物作对的轶事上可以表现出来（见方框）。

霍金的导师丹尼斯·夏默帮忙安排了对霍金的职业生涯最具影响的一次会面，那就是介绍霍金与杰出的数学家罗杰·彭罗斯（Roger Penrose）相识。彭罗斯与霍金有很多共同之处：他父亲也是一个生命科学教授，他也承受着不愿追随父亲职业步伐所带来的压力。20 世纪 50年代，彭罗斯已经开始铸造宇宙学里的新路径，那就是通过强大的数学方法来回答相对论方面的问题。在霍金认识他的时候，他正在使用数学分支之一的拓扑学来完成关于黑洞的令人震惊的证明。

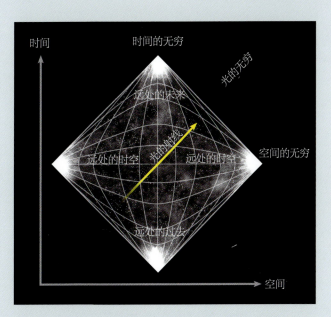

与霍伊尔作对

霍金和贾扬·纳利卡建立了友谊。他是弗雷德·霍伊尔的弟子，也正是他的暑期课程让霍金加强了对宇宙学的兴趣。他们在剑桥大学的办公室离得很近，纳利卡很大方地让霍金看了一眼他正在跟霍伊尔合写的文章。那篇文章尝试修正广义相对论，从而使得霍伊尔的稳态理论（参见18-19页）与日益增多的反对证据相吻合。霍金自己推导了一下其中的运算，发现并不对。1964年6月在文章发表之前，霍伊尔在伦敦皇家学会报告了这篇文章，而霍金就是听众之一。当霍伊尔结束报告的时候，他颤颤悠悠地站起来，指出霍伊尔的一个计算是有错误的。霍伊尔不知道这个他根本不认识的博士学生在之前看过这篇文章，对此特别吃惊，特别是霍金被问到如何知道计算错误的时候，霍金回答说"我计算出来的"，霍伊尔就更加吃惊了。在霍伊尔和在座的听众看来，就仿佛霍金在听讲座的过程中在脑袋里把这个超级复杂的数学运算过一遍。这对20世纪60年代还算恭敬的英国学术界来说，无异于惊天响雷。霍金已经开始积累作为重量级学者的声誉了。

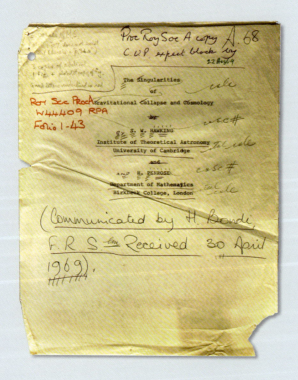

（左图）由霍金自己颤抖的手所写的研究笔记（上）和与罗杰·彭罗斯合写的文章草稿（下）——这些都是两个人合作探索宇宙奇点时期的文献材料。

在彭罗斯进行研究之前，人们普遍认为黑洞或者说奇点是在某些特定方式下运行爱因斯坦的场方程（广义相对论的数学描述），从而得出的奇怪并带有假设性的结果。大家都相信，只有在某些特定的非常局限而且纯粹假设的情况下，一颗星体才可以坍塌成一个奇点。通过扩展这些情况，彭罗斯用数学方式证明了，黑洞可能不是一个仅仅存在于假想中的异象，事实上它可能是不可避免地真实存在的，甚至有可能在真实宇宙中很常见。

当身体残疾限制了他写方程的能力的时候（见第40-41页），霍金利用拓扑学偶然发现了一个特别恰当的数学方法，尤其适合他被迫使用的精神可视化方法。他以彭罗斯的工作为起点，证明了奇点这个概念不仅仅是黑洞的关键，甚至可能是宇宙自身起源的关键。

何为黑洞？

黑洞是人们称呼某一个地方的名称，当物质和能量聚集到一个足够小的空间里时，就会使得它的引力变得非常巨大，从而将它挤压成一个越来越紧的球。这又反过来进一步增加了它的引力，使它塌陷成一个半径为零的点，因而具有无穷大密度：一个奇点。在奇点周围的区域，引力特别强，使得逃离这个区域需要的速度比光速还快。这个区域的边界称为事件视界。包括光在内的所有穿过事件视界的东西都是无法逃离的，黑洞使它们与外部宇宙隔绝。因为没有光可以逃离或者被反射和穿过事件视界，因此它完全是黑的，所以叫作"黑洞"。

（下图）一个艺术家描绘的黑洞，黑洞会撕裂周围的星体，而图中的碟状物就是由撕裂后的物质碎片聚集形成的。

了解时空

爱因斯坦用他的相对论理论演示了空间和时间不是独立于彼此而存在的，事实上时间是跟我们通常认可的三维空间维度（高度、宽度和深度）并存的第四个维度。因此使用"空间－时间"或者简称"时空"来更精确地描述宇宙结构渐渐成为惯例。广义相对论认为：物质和能量（它俩实际上如同一个硬币的两面）会使时空结构变形或者扭曲，继而改变其几何形状——即通常所说的引力，引力的改变又会反过来影响物质和能量的运动。美国物理学家约翰·惠勒（John Wheeler）发明了黑洞这个词，并将其总结为："时空控制物质如何运动，物质告诉时空如何弯曲。"用于理解时空的最流行的类比是橡胶薄片。薄片代表四维时空，放在薄片上的物体代表物质／能量。因此，放在薄片上的一个保龄球会导致它弯曲，正如物质和能量体使得时空弯曲。保龄球越大，橡胶薄片的下凹就越深。类似的，比起行星大小的物体，一个像恒星那样的巨大物体对时空造成的弯曲会更大。这种时空中的"下凹"有时候被称为引力井。奇点就是指引力井变得无限深的地方，换句话说，它就是时空结构中的一个洞。

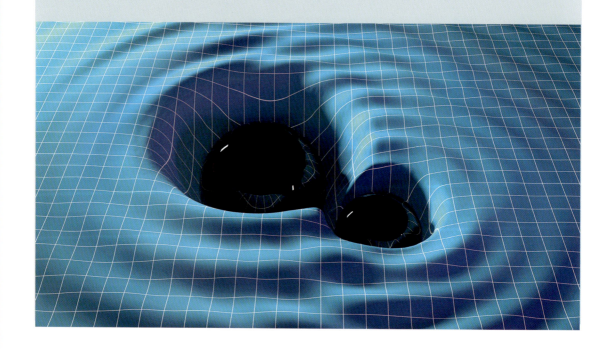

事件视界

　　事件视界并不是指一个东西——它是指一个地方。最著名的类比是一条河上的小船驶向瀑布。随着小船接近瀑布，水流强度增加，直至到达某一个点，水流强过小船的发动机马力。一旦它越过了这个临界点——或者叫航线临界点——船长做任何事情都不可能阻止船冲进瀑布了，不过船长自己并不会意识到在该点之前和之后的河段有任何不同，因为确实没有不同。类似的，正在通过事件视界的人也不会意识到他们在穿越任何边界，对他们来说，事件视界的任何一侧在时空上都不会有差异。但是，一旦越过这个分界，那个人将再也无法逃离黑洞的引力，最终不可避免地会被吸进奇点里。

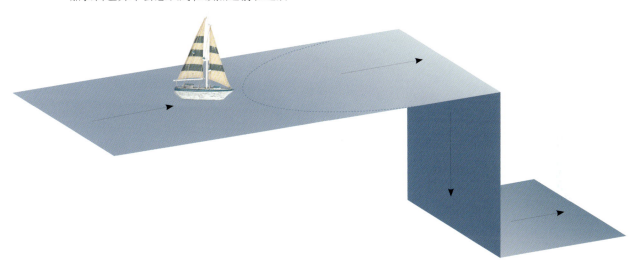

（上页图）对两个黑洞碰撞而产生引力波的图形描绘，两个黑洞在时空的结构里表现为有两个无底的引力井。

（上图）黑洞周围的事件视界的类比，其中黑洞是瀑布，事件视界是一个航线临界点，更准确地说是一个边界。

关于宇宙膨胀的简史

　　在霍金的博士研究中,他将围绕一个膨胀的宇宙和它的可能起源的宇宙学展开探索。不过,如何知道宇宙正在膨胀呢?霍金之前的宇宙学家对宇宙的起源有何看法?

（上图）希帕克斯在古亚历山大港的屋顶上看星星,这是一个假想的情境。现实情况是,他那时候是不可能接触到望远镜的。

赫歇尔和银河生命周期

十八、十九世纪的英裔德国天文学家威廉姆·赫歇尔（William Herschel）建造了世界上最强大的望远镜，并用它看见了比以往更遥远的太空。他看到了被他称为宇宙岛（河外星系）的天文物体，而且是第一批推测星系可能有生命周期的人之一。对于我们自己的银河系，赫歇尔写道，它"不可能永久存在"，而且"它过去的存在时间不可能是无限的"。

（左图）赫歇尔自己设计和帮助建造的一台反射望远镜。他使用某个类似的装置发现了天王星。

古代和中世纪的宇宙学一般认为地球是宇宙的中心，它周围环绕着同轴的星球，其中含有各个天体（月亮、太阳和其他行星），所有星体都在一个壳里面，它们被外壳包裹着。尽管在这个体系里，并非所有的距离都很明显，不过古希腊人还是利用几何学估算出了地球、月球和太阳的距离。例如，公元前二世纪希帕克斯（Hipparchus）计算出了地月之间距离是地球半径的59倍——这个数值跟现代的估计已经很接近了。地日之间距离的估算就没有这么准确了，不过古代和中世纪的天文学家显然认为，太阳系的直径大小肯定是数百万千米级别的。

伽利略（Galileo）是第一批认识到宇宙可能延伸到太阳系之外的科学家之一。他意识到满天繁星并不是碟形排布在某一个球壳内，也非在地球周围以相同距离球形排布，它们更可能是一系列点光源的组合，与地球的距离各不相同，而且远到不可思议。有了望远镜设备的帮助，摆脱了地球是宇宙中心的教条，启蒙运动中的天文学家开始发展外太空的概念。

大约一个世纪之后，爱因斯坦创建了一套新的宇宙描述方法，表明空间和时间是相关的，而且具有弯曲的几何结构（见第28页），而引力正是这种曲率的一种表达。这个理论的数学描述包含在爱因斯坦的场方程里，不过从这些方程的解看来，宇宙并不是静止的，而是在扩张的。当时爱因斯坦假设这是个错误，为了平衡引力作用，他在计算中引入了一个名为宇宙常数的因子，从而可以产生静态解。

$$G_{\mu\nu} + \Lambda g_{\mu\nu} = \frac{8\pi G}{c^4} T_{\mu\nu}$$

（上图）爱因斯坦的场方程，浓缩成了一个单张量方程形式，它描述了引力是如何由时空曲率造成的。

红移现象

美国天文学家埃德温·哈勃（Edwin Hubble）通过测量红移现象推断出了遥远星系的速度。红移现象是指，随着物体的远离，光的波长会逐渐向光谱的红端移动。这个跟多普勒效应是类似的：当一辆救护车经过你向远处驶去时，警笛的音调会越来越低。在这个情况下，随着声源的远离，声波渐渐拉长了，而波长越长意味着音调越低。同样的事情也适用于光波。随着光源的远离，相对于静止的观察者来说，光波也被拉长，所以光的波长发生了红移现象。通过测量来自遥远星系的光红移的程度，哈勃成功计算出了它们远离我们的速度。

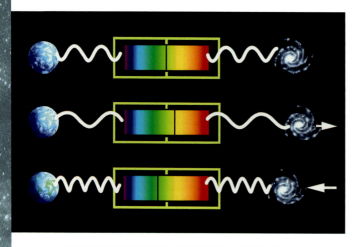

（上图）在星系之间传播的光的波长和颜色取决于它们的相对运动：随着星系的远离，它发出的光会向光谱的红端偏移，正如图片中间所示。

如果爱因斯坦还没准备好如何应对他的理论所带来的影响，其他人可是迫不及待了。1922年，俄罗斯物理学家亚历山大·弗里德曼（Alexander Friedmann）率先阐述了爱因斯坦的场方程具有多个合理解，在某些解里，宇宙在扩张，在另外一些解里，宇宙在塌陷。五年之后，比利时的牧师和物理学家乔治·勒梅特（Georges Lemaîtres）也研究了场方程，展示了跟埃德温·哈勃的观测结果（见方框）一致的解，并得出结论：宇宙是在扩张的，而时空有一个起始点。1931年，勒梅特发表了有关他的理论的英文版著作，将这个宇宙的起始点描述为"原始原子假设"或者是"宇宙蛋"。勒梅特提到了宇宙蛋"在创造时爆炸了"，而且将时空开始的时刻描述为"没有昨天的现在"。

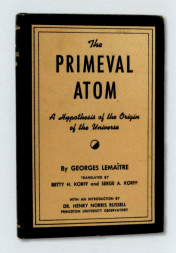

（右图）勒梅特的书《原始原子》的英文版，书名也是他对宇宙奇点的称呼之一。

哈勃常数

埃德温·哈勃是20世纪杰出的天文学家。1925年，他机智地使用一类已知亮度的星体证明了其中一些是位于我们自己的星系之外的。这是确认宇宙超越银河系且宇宙中还存在其他星系的最早的证据之一。四年之后，哈勃发布了对于遥远星系的为期十年的红移现象的测量结果，该结果表明这些星系都在远离我们，而且离我们越远，远离速度越快。这个相关性被称为哈勃定律，它对宇宙产生了巨大的影响。它意味着宇宙一定在扩张中，反过来也表明宇宙必定有一个起始点，从而证实了弗里德曼和勒梅特的理论。

（左图）1937年洛杉矶的威尔逊山天文台，埃德温·哈勃通过254厘米（100英寸）的望远镜的目镜，观测宇宙。

奇点不可避免：霍金的博士生涯

霍金捡起了彭罗斯在黑洞上的工作，并以此为基础，在使用数学方法处理相对论和宇宙起源的方面有了突破性进展。

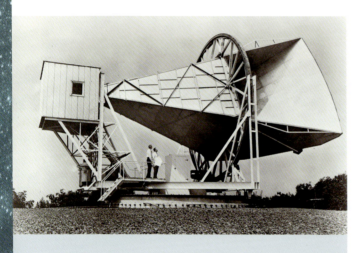

创世的余晖

霍金撰写论文的时候，并没有宇宙大爆炸的直接证据，不过在他提交论文的同一年，美国的射电天文学家阿诺·彭齐亚斯（Arno Penzias）和罗伯特·威尔逊（Robert Wilson）利用他们的望远镜监测到了一个特殊的噪声。通过耐心和锲而不舍的监测工作，他们发现这个背景噪声并不是来自地球，而是来自均布在整个宇宙的微弱热辐射本底。虽然现在这个热本底只比绝对零度高几度，但它证明了数十亿年前在宇宙小得多的时候，它肯定具有数百万度的温度。彭齐亚斯和威尔逊监测到的其实就是大爆炸的余热，有时被称为"创世的余晖"。1978年，他俩因此发现被授予了诺贝尔物理学奖。

这个令人难以置信的工作构成了他博士论文的第四章，即最后一章。他的博士论文在摘要的第一行就摆出了架势："关于宇宙膨胀的一些本征含义和推导结论在这里得到了验证。"

正如第30-33页所述，现在有充足的证据表明宇宙一直在膨胀，并将持续下去。但是霍金写他的博士论文的时候，宇宙膨胀的理论基础还很薄弱。爱因斯坦场方程中最简单的解使用了被称为罗伯特森—沃克（Robertson-Walker）测度的工具，其中测度是指测量时空的一种方法。使用这个测度的话，空间会跟着时间而变化，随着时间向前，空间会扩张。如果时间反向求解该方程，描述的就是一个收缩的宇宙，直到最终到达一个点——被勒梅特称为宇宙蛋的宇宙奇点（见第33页）。但是，稳态理论的倡导者，比如霍伊尔却可以反驳这个场方程的解是一个错误，是一个广义相对论里的瑕疵。

（左图）贝尔电话实验室的霍姆德尔喇叭天线，彭齐亚斯和威尔逊就是用这个来探测大爆炸的余热的。

霍金使用了彭罗斯倡导的数学方法，后者展示了当一个巨大的星体坍塌，它的质量收缩到一点时会发生什么。通过在他的计算中逆转时间，霍金描述了这种收缩的相反状态：从一个奇点开始的爆炸。霍金可以从数学上证明这个过程不仅在理论上是可行的，而且"只要满足某些非常普通的条件，奇点就是不可避免的"。在他的博士论文里，霍金驳倒了一个支持稳态模型而反对大爆炸模型的主要论据，表明大爆炸理论是广义相对论的一个必然结果，而宇宙的起源极有可能就是从一个宇宙奇点开始的。

霍金的博士论文还写了什么？

霍金在他博士论文的最后一章证明了宇宙奇点的存在。在第一章里，他分析了霍伊尔—纳利卡引力理论的缺陷，相当于是他1964年在皇家学会的那次不太地道的批评的延伸（见第25页）。在第二章里，他验证了星系是如何在一个正在扩张的宇宙中形成的，分析了他所称的引力辐射，即现在众所周知的引力波。在第三章里，他对引力波数学的更多细节进行了研究。

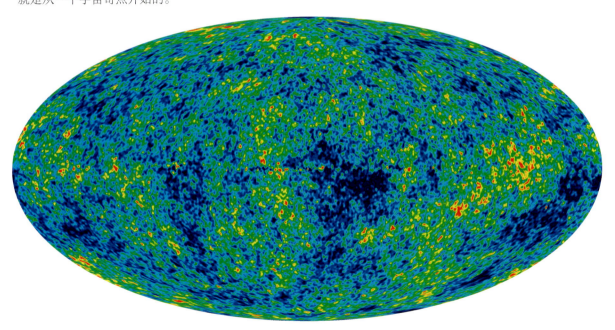

（上图）整个星空的图片，它展示了宇宙背景的微波辐射，就是来自大爆炸的非常微弱的热量的余晖，它们记录了137亿年前的宇宙看起来是怎样的。

活下去的希望：结婚和孩子

霍金和简的结婚遇到了一些阻碍，其中之一就是简的大学，即西田学院是不允许学生结婚的。

更火上浇油的事情是，简的父亲提了一个结婚的先决条件，那就是要求她先拿到学位。鉴于霍金的病情和不确定的预期寿命，大学退让了，不过简还是要继续在伦敦学习，而且要自己单独住，哪怕是在结婚之后。对霍金来说，最主要的问题是，要考虑结婚的话，他必须有一份工作。1965 年，鉴于他的博士学业进展顺利，霍金申请并获得了剑桥大学冈维尔与凯斯学院的一个研究奖学金。他提交给引力奖竞赛的论文也获得了现金奖励。他们结婚的路终于畅通无阻了。

1965年7月14日，一场民间婚姻仪式在剑桥的前郡政厅由登记员主持进行。简对新公婆的感觉错综复杂，霍金的母亲对她一点也不友好，她告诉简："我们不喜欢你，因为你不适合我家。"与此同时，霍金的父亲带着她称之为典型的约克郡的直率，建议她要成功怀上孩子，因为霍金的生命会很短暂，所以他能"履行婚姻责任"的能力就更短暂。简选择尽量不去多了解霍金悲惨预后的全部细节，并解释说："我实在不觉得有这个必要，让自己仅有的天然乐观被这个充满厄运的预言所摧毁……我太爱霍金了，以至于没有任何事情可以改变我想嫁给他的想法。"对于霍金来说，他后来承认，这段婚姻给了他"活下去的希望"。

在剑桥的家里，这对年轻夫妇苦于找不到合适的房子，刚开始时简只能继续待在伦敦完成她的学业。不过，他们很快就建立了家庭，他们的孩子，罗伯特（Robert）和露西（Lucy）分别在1967年和1970年出生了。第三个孩子蒂莫西（Timothy）于1979年出生。

（对角图）简和霍金在结婚当天被他们的父母左右相伴。事实上他们有两个婚礼日，一个是7月14日在婚姻登记处举行的民间仪式，一个是随后第二天在三一学院的教堂举行的宗教仪式。

（右上角）简和霍金，还有他们的孩子罗伯特和露西，几年后他们的第三个孩子蒂莫西也出生了。

新婚夫妇出国

1965年7月15日，在三一学院的教堂举办了一场宗教结婚仪式之后，简和霍金开着他们新买的红色迷你宝马轿车，出发去萨福克（Suffolk，英国东部的一个郊区），在那里享受了短暂的蜜月时光。仅仅一周后，他们登上跨越大西洋的飞机，霍金要参加一个关于广义相对论的暑期学校，地点在纽约上州的康奈尔大学。虽然他很激动可以跟国际知名的物理学家交流，不过这场旅行使得他们的婚姻压力骤增。这是因为简在尽力从事自己研究的同时，还要被迫应对让人不适的住宿条件。当然，她也想做一个可以给予另一半强力支援的主妇，但是因为霍金结婚后迅速恶化的身体状况，使得这项工作变得难上加难。霍金遭受了严重的窒息发作，以致简重重拍打他的后背才把他从鬼门关拉回来。这个可怕的事故让简深刻地意识到了在未来生活中他们要一起面对的健康阻碍。

第3章

黑洞革命

无人能做之事：残疾人做科学

　　尽管霍金的渐冻人症（或者说运动神经元病）并没有像最初担心的那样危险，不过他的肢体退化还是一直在继续。

　　在家里和办公室里，当他基本不可能靠自己完成某些事情，而又拒绝他人帮忙的时候，是他的钢铁般的意志和巨大的倔强表现得最明显的时候。例如，每天晚上他会痛苦又缓慢地自己爬上楼去睡觉。对于简和其他人来说，这种拒绝向疾病让步的举动让生活变得更加艰难。

　　1970 年，霍金极不情愿地坐上了轮椅。哪怕情况最好的时候，他说话也是含含糊糊的，这使得教课变得极不现实，而且他也无法在纸上或者黑板上写字了，这些事情都让他难以继续进行平常的数学推导。不过，令人庆幸的是霍金恰好选择的是一个渐冻人症并不一定阻碍其取得成就的工作，因为他在做的宇宙学几乎全部是脑力活而非体力活。他的残疾迫使他开发出了一个新的工作方式，那就是他具有一种独特的将四维时空可视化的能力，这个能力是其他任何物理学家所不具备的。熟知此事的旁观者，例如基普·索恩（Kip Thorne）和霍金的母亲说，如果不是因为渐冻人症，霍金是不会发展出来这个能力的。

比方说，索恩发现霍金可以"在他的脑袋里利用图形对一些几何命题"进行推导，他给自己装备上了"其他人都没有的非常强大的工具"，这意味着某些"特定的问题"只有霍金可以解决。霍金自己把方程描述为"数学里无聊的部分"，坚称他更喜欢"用几何来看事情"。他母亲也提到，霍金自己也承认"如果没有得病的话，他是不可能取得当时的成就的"。

残疾的一个影响是，它把霍金从可能消耗时间和精力的其他干扰和杂务中解脱了出来。因为别人不可能期望他去做任何家务或者学校杂事，所以他具有可以纯粹思考物理的奢侈待遇。据霍金的母亲说："他集中精力在物理上的状态，我不觉得换成其他情况的话他还能办到……我不能说得这种病是种幸运，不过比起其他人来说，他并没有那么倒霉，因为他可以在脑袋里做那么多事情。"

（对角图）霍金和一个研究生；他开始依赖研究生来解释他的讲话和帮他写出计算过程。

（下图）冈维尔与凯斯学院的一个大楼，其中有霍金的办公室。

夜晚沉思

霍金既是被迫又是自由地思考着他的研究课题，一个很好的例子是他在1970年发现黑洞动力学第二定律时的故事。其最初的灵感来自当他进行痛苦而又冗长的上床睡觉的准备工作时。身体健全的人都会去书桌前开始推导，而霍金却没有。他彻夜不眠地躺在床上思考，直到第二天早上，他打电话告诉彭罗斯他的发现。

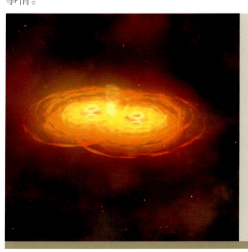

（左图）一个艺术家对于两个黑洞融合的解读。霍金意识到这是一个会增加总熵的过程。

黑洞动力学

在剑桥大学,霍金继续研究黑洞的天文物理学。

1970 年他再次与罗杰·彭罗斯合作,推导出了他所称的黑洞动力学第二定律,作为对于热力学第二定律的有意参照。后者是自然界最基本的定律之一,它设定了物理学家所称的"时间的箭头",也就是时间的方向是从过去到未来的,而且它也指出熵是永远增加的,永远不可能减少。熵是一个很难理解的概念,而且有各种不同的定义,它也被定义为乱序、废热或者信息丢失。霍金的黑洞动力学定律指出,黑洞跟熵一样,不能减少。换个说法,一个黑洞永远不可能变小。

霍金的证明过程大致如下。他考虑了在事件视界附近的光射线的命运,他意识到事件视界的收缩将意味着这些射线会汇聚、碰撞和扩散到黑洞里,所以实际上事件视界是不会收缩的。换句话说,只有在黑洞产生质量损失的时候,事件视界才会收缩,不过由于没有任何物质可以逃离黑洞,所以这是不可能的。唯一可能发生的是,物质越过事件视界,掉进黑洞,这样的话黑洞就会扩张,而事件视界也会变宽。

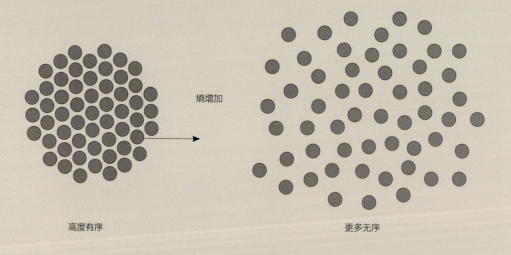

熵增加

高度有序　　　　　　　　　　　　　　　更多无序

(上图)熵或者乱序增加的一个例子。左边的马赛克球是高度有序的,但是在破碎成数百块碎片后它变得高度无序。

霍金知道他的黑洞动力学定律跟热力学第二定律是非常类似的。看起来在熵和事件视界的尺寸之间有一个直接的对应关系。热力学第二定律说的是，当两个系统合并的时候，合并系统的熵一定大于或者等于原来两个系统的熵之和。例如，当一杯热茶（低熵）和一杯冷茶（高熵）混合时，混合之后的茶中的热量一定小于等于之前二者温度之和（因此熵是大于等于的）。类似的，霍金的黑洞动力学定律表明，将两个黑洞猛烈合并到一起不会导致其中任何一个分裂或者变小，相反地，它们会组成一个大于或等于原来两个大小的黑洞。

造谣者

霍金在剑桥大学应用数学和理论物理系的职位，取决于是不是有学院愿意雇他，当时他在冈维尔与凯斯学院的研究员职位马上就要到期了。为了确保他能拿到新的职位，霍金的朋友密谋了一个巧妙的策略。丹尼斯·夏默和赫曼·邦迪（Hermann Bondi）合谋编造了一个谣言，说是霍金就要被伦敦国王学院挖走了，这就促使冈维尔与凯斯学院在考虑到霍金无法再教课的情况下，迅速给他提供了一个新的、量身打造的研究员职位。他作为思想家的价值得到了认可。

热力学第二定律

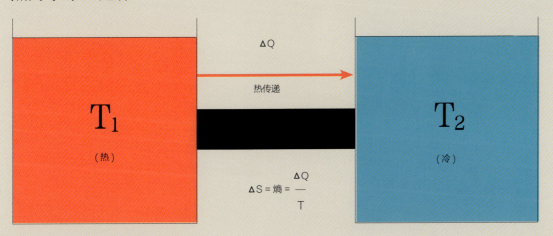

（上图）展示热力学第二定律行为的一个系统（两个容器合并）。随着热量从热容器扩散到冷容器，系统的总熵增加。

惠勒的永久罪行

　　美国物理学家、黑洞之父约翰·惠勒曾经说过一段关于于他如何鼓励以色列裔美国物理学家雅各布·贝肯斯坦（Jacob Bekenstein）挑战霍金的趣事。他向贝肯斯坦讲述了他的一次沉思，当他把热茶杯和冷茶杯放在一起的时候，热量就会从一个流向另一个，这个过程增加了宇宙中乱序（也就是熵）的量，他已经"犯了一个会回响在永恒长廊上的罪行"。然而，他注意到如果他能够把这两杯茶都扔进一个恰巧存在的黑洞里，他就能为他的罪行"掩盖证据"。这个有趣的方式说明了：黑洞被时空的其他部分隔绝了，实际上已经不属于我们的宇宙了，因此"落进"黑洞的熵对于宇宙来说是遗失了的，这就打破了热力学第二定律。因此，如果霍金是正确的，而且黑洞不能真的有熵，那么他已经创造了一个悖论，那就是减少了宇宙的熵。根据惠勒回忆，贝肯斯坦"看起来很沮丧"，后来回来告诉他，实际上黑洞确实保留了他的犯罪证据，而黑洞也确实增加了它的熵。这让他走向了与霍金针锋相对的方向。

（左图）约翰·惠勒，他开辟了黑洞理论研究，并赋予其令人回味的名字。

（上图）霍金的思维翱翔在宇宙中，探索着宇宙中最极端的情况。

　　不过霍金强烈地主张，二者的类似之处仅此而已——黑洞动力学和热力学只是相似而非完全一样——而且他有很好的理由这么认为。我们说过，熵的一个定义是废热（也就是丢失或者不可用的能量），这就意味着具有熵的物体一定具有某些热量，它一定有温度。然而，要有温度的话，一个物体必须辐射热量，但是根据定义，黑洞是不能辐射热量的，因为没有辐射可以从事件视界逃离出去。承认黑洞动力学和热力学不仅仅是相似的话会产生一个悖论。这也是霍金在 1970 年参加得克萨斯州相对论论坛并发表他新的黑洞动力学定律的时候所持的态度。然而，与会的一些人担心在排除这个悖论的同时，霍金其实在引入另一个悖论：就是约翰·惠勒所描述的掩盖了"一个会回响在永恒长廊上的罪行"（见方框）。

原始黑洞

　　在现在的宇宙中，当星体油尽灯枯的时候，黑洞就会形成，所以由它们的熔化产生的向外的辐射压力不能再抵消向内的引力，它们就会塌陷。如果星体具有足够的质量（差不多太阳质量的三倍），其产生的引力就足以超过光的逃逸速度，黑洞就会形成。这意味着所有"现代的"黑洞必须具有至少三倍于太阳的质量。1971年，霍金展示了在早期宇宙的极端情况下，当它比一秒年龄还小的时候，哪怕小得多的质量也可以塌陷形成黑洞。那时的宇宙越热，创造一个黑洞需要的质量就越小，因此在大爆炸之后很短时间内，极小的黑洞可能已经生成了。因此，这些原始黑洞会具有跟"现代的"黑洞截然不同的性质，而且它们也会极其古老（大概在135亿年前）。霍金的下一个发现证明了这点是极其重要的。

（下图）艺术家对于宇宙大爆炸的构想，其中所有的空间、时间、物质和能量都从一点爆炸开来。

因此，在得克萨斯州听完霍金所作的讲座后，雅各布·贝肯斯坦坚持说热力学和黑洞动力学不止是类似，它们就是同一个事情。黑洞的确有熵，而事件视界的面积就是黑洞的熵。霍金被惹恼了，强烈反对贝肯斯坦的解释及其伴随的悖论，哪怕在跟詹姆斯·拜尔登（James Bardeen）和布兰登·卡特（Brandon Carter）一起工作构造出了一套完整的黑洞动力学定律时，他还在继续反对。他们提出了四个定律，与热力学的四大定律一一呼应，不过是用"视界面积"和"视界表面引力"分别代替了熵和温度。不过他们依旧坚持这两套定律仅仅是类似，而不是完全一样。根据定义，一个黑洞是不可能有温度的。贝肯斯坦保持了他的怀疑。

可能是受到这次挑战的刺激，霍金从1973年开始了对于物理学的一个全新领域的探索，以此来完成他对黑洞更全面理解的追求。在这个过程中，他将尝试对现代物理学的两大基础——相对论和量子力学——的第一次结合：量子引力理论。

（上图）2009年，晚年的雅各布·贝肯斯坦在他位于耶路撒冷的希伯来大学的办公室。

相对论与量子力学

霍金正要着手开始的可能是现代物理学中最艰难的探索，它曾打败了爱因斯坦和其他许多人。霍金试图尝试将相对论和量子力学相结合，这是两个看起来截然相反的现实模型。相对论是描述宇宙在天文学尺度上如何运作的理论，它阐述了时间和空间是不可分割的，是一个严丝合缝的结构中的不同部分。而量子力学是描述宇宙在亚原子尺度如何运作的理论，它展示了时间和空间不可能严丝合缝，必须被分成离散的块。从某种意义上说，相对论是模拟的，而量子力学是数字的。

绝对垃圾：霍金辐射和爆炸的黑洞

1973年8月，基普·索恩陪同霍金一家进行波兰之旅，顺便介绍了几位苏联物理学家给霍金认识。

雅可夫·泽尔多维奇（Yakov Zel'dovich）和亚历山大·斯塔罗宾斯基（Alexander Starobinsky）最近展示了不确定性原理（见方框）意味着旋转黑洞的转动动能可以造成粒子的产生和逸散。霍金想进一步研究这个，并用他自己的数学方法来复制俄国人的结果。让他惊讶的是，他发现所做的计算似乎表明"甚至是不旋转的黑洞也会在稳定状态下产生和发射粒子"。让人不快的事情是，这个发现看起来是验证了贝肯斯坦的说法，那就是黑洞是有熵的，所以是热的（或者至少是稍微暖和一些的）物体。

霍金因为这个结果苦恼了数月。看起来可能贝肯斯坦终究是对的，而霍金对此很不开心。黑洞怎么可能释放出粒子呢？他后来展示了，问题的答案取决于不确定性原理、虚拟粒子对

不确定性原理

不确定性原理，有时也被称为测不准原理，由沃纳·海森堡于1927年提出，它说的是不可能同时确定一个粒子的位置和动量。如果你测量它的位置，你就不可能同时确定它的运动方式；如果你测量它的运动方式，你就不可能确定它的位置。你越努力地定位（或者说确定）这两个互补特性中的一个，另一个就更加不确定。该原理既适用于能量场，也适用于粒子，因此不可能同时知道场的强度和它的变化率。这对于真空的概念或者空间本身有着深刻的影响。

（左图）正在工作的德国物理学家沃纳·海森堡（Werner Heisenberg），他可能就是在忙他的不确定性原理，不过很难确认。

（上图）跟这个概念图展示的一样，直到可以把探测器送到事件视界的时候，霍金理论中的黑洞辐射才可能被证明。

和事件视界这个怪异世界等概念。

通过在黑洞这个特殊的时空环境下对于量子力学进行的简洁处理，霍金能够证明事件视界的巨大引力可以使得虚拟粒子对"跃迁"为真实的粒子－反粒子对。虽然虚拟粒子对合起来净能为零（描述为 +−E 对），但是在事件视界，它们跃迁为一对粒子，一个向外走具有能量 +E 的粒子，和另一个落下的具有能量 −E 的反粒子。

另一个看待这个问题的方法是，假设虚拟粒子对被一条命运的纽带绑在一起瞬间共同湮灭，

黑洞的事件视界则像剃须刀片无情地将纽带切断，使得其中的一个粒子越过事件视界掉入黑洞中。这切断了它与另一个虚拟粒子的联系，使得后者可以作为一个真实粒子自由地飞向太空。霍金发现这些分开的虚拟粒子是从黑洞逸散出来的辐射的来源，这个辐射后来被称为"霍金辐射"。霍金辐射解决了黑洞动力学的两个悖论：困扰贝肯斯坦的看起来丢失的熵和从不能辐射的物体上逸散出来的辐射。霍金辐射意味着黑洞是可以有熵的。它对黑洞的命运产生了令人吃惊的影响。

不存在空间这种东西

　　不确定性原理指出说，不存在空的空间这种东西。一个不包含任何物质或者能量场的真正真空是违反不确定性原理的，因为一个场的强度和变化率都会为零，这两个属性都是可以确定的，但是根据不确定性原理我们知道这是不可能的。事实上，在量子尺度，空间是不可能为空的。由于场的性质是不确定的或者说模糊的，所以一个真空实际上充满了许多持续涨落的场和传递这些场的粒子（例如光子和引力子）。互补和相对的粒子对持续地极其短暂地出现，然后瞬时就湮灭了彼此。每对虚拟粒子包含了一个粒子和它的反粒子，一个带正能量，一个带负能量。通过这种方式，宇宙的能量守恒，因为每个正粒子和负粒子都抵消了。这些粒子被称为虚拟粒子，因为它们突然出现和消失的速度特别快，所以对于宏观世界几乎没有影响。

（下图）一个虚拟粒子对存在的概念艺术图，它发生在一个叫作真空涨落或者量子涨落的过程中。

　　黑洞可以释放霍金辐射的事实意味着它们可以失去物质，收缩直至最后消失。这看起来仍然是矛盾的——既然没有什么可以逃脱黑洞，它怎么又能丢掉物质呢？可以这样解释，当一对虚拟粒子被事件视界分开时，坠落进黑洞的是负能量粒子。吞掉一个负能量粒子意味着从黑洞中减去能量（和质量，因为按照爱因斯坦展示的，质量是跟能量等价的）。

　　当黑洞通过"能量减法"失去物质的时候，它的事件视界会收缩。收缩速率取决于有多少辐射从黑洞中逸散，而这个又反过来取决于它的尺寸。黑洞越大，它的熵就越大，温度就越低，因此逸散的辐射量越小，它就收缩得越慢。只有小的黑洞才有可测量的辐射量，而我们目前所知道的唯一的小黑洞是霍金曾经预测过的在早期宇宙形成的原始黑洞（见第46页的方框）。事实上，他计算出，这些小的黑洞会随着辐射发出白热光，逸散出大量粒子以至于它们会急速收缩，变得更热更小，更小更热。这是一个恶性循环，意味着亚原子大小的黑洞会带着无比巨大的能量爆炸。

　　这些惊人的发现都是与之前对黑洞的认识截然相反的。霍金非常担心他是不是犯了什么错误，所以不愿意分享他的结果，只跟几个朋友讨论了下。当他接到在听到他的发现之后兴奋的罗杰·彭罗斯打来的电话时，他丝毫不为所动。他当时正坐下来准备享用晚餐，他的晚餐却因此凉了，正如他后来感叹的那样："太可惜了，因为晚餐是鹅，我还挺喜欢吃的。"

彭罗斯不是唯一一个感兴趣的人。霍金的朋友，天文学家马丁·里斯（Martin Rees）也是少数的听过霍金简要介绍其研究的人之一，他于1974年初在剑桥与丹尼斯·夏默碰面了。夏默回忆道，里斯"兴奋到颤抖"，大叫道"所有东西都不一样了，所有东西都变了！"

宇宙学界其他人的反应就不那么热烈了。在夏默组织的1974年第二届量子引力学会议上，霍金在一篇题为"黑洞爆炸？"的文章里发表了他的重大发现。问号是在最后一刻才加上去的，因为霍金想提前做一下防备。他的报告引起了一片让人困惑的沉默，按照一个当事人的说法，直到主持人约翰·G.泰勒（John G. Taylor）站起来，说道："霍金，对不起，不过这纯粹是垃圾。"

（上图）马丁·里斯爵士，自从在剑桥跟夏默一起工作，他就成了霍金的朋友，后来他成了皇家天文学家。

对霍金新理论的反应

尽管在1974年的第二届量子引力学会议上，他的新理论没有得到很好的反响，霍金观点的力量和清晰性却未被否定。1974年3月，他的文章发表在了享有声望的科学期刊《自然》上，科学界别无他法，只能接受他这个研究成果。当基普·索恩与泽尔多维奇和斯塔罗宾斯基在莫斯科碰面时，他们对他致以投降手势。夏默称这篇文章是"物理学史上最漂亮的文章之一"，而约翰·惠勒描述它为"舌尖上滚动的糖果"。

来到美国

到1974年，霍金已经无法靠自己在晚上费力地爬楼梯去卧室了。霍金一家搬进了处于一楼的平层住宅，但简的时间和精力也越来越不够用了。

一个可喜的转变终于到来了，他们开始雇用一个研究生来做霍金的兼职保姆。伯纳德·卡尔（Bernard Carr）是第一个担任此职务的人。

1974年春天，霍金被授予皇家学会会员荣誉。皇家学会是世界上最古老的科学协会之一，艾萨克·牛顿是早期主席之一。差不多同一时期，霍金和他妻子简接受了基普·索恩安排的一个工作职位，霍金成为位于帕萨迪纳的加州理工大学的谢尔曼·费尔柴尔德杰出学者。他们在那里待了一学年。

简、霍金、他们的两个孩子和同住的研究生跨越大西洋，于1974年8月到达了加州。等待他们的是一辆新车、一套漂亮的房子和一把让霍金特别开心的电动轮椅，它后来也成了霍金的标志性配置。对简而言，加州后来成了一个社交场所，在那里她接触了一个后来成为她的酷爱的消遣方式，那就是加入合唱团。

对霍金来说，加州理工学院是一块滋生新想法和合作项目的沃土。他积极参加了由两位世界顶尖的粒子物理学家——理查德·费曼（Richard Feynman）和默里·盖尔曼（Murray Gell-Mann）所作的讲座。他也在跟美国物理学家詹姆斯·哈特尔（Jim Hartle）合作发展他的霍金辐射理论，还跟美国研究生唐·佩奇（Don Page）一起发表了一篇关于伽马射线爆发时的原始黑洞爆炸的文章。总而言之，霍金在加州理工学院的访问学者时光是如此成功，以至于他后来几乎每年都会过去待一个月。

（左图）皇家学会的入口，位于伦敦的卡尔顿府联排，自从1967年它就在那里了。

受罗马教皇邀请

　　1975年，霍金受邀去罗马接受罗马教皇科学院颁发的十一世勋章，它由宗座科学院每两年授予小于45岁的年轻科学家，以表彰获奖人的巨大潜力。他面见了教皇保罗六世，随后又去见了其他三位教皇。在罗马期间，霍金特地去参观了梵蒂冈图书馆，观看了伽利略对于他的日心异端学说的公开认错。在这次参观之后不久，梵蒂冈就正式就它对待伽利略的行为进行了道歉。

（顶图）古怪又睿智的美国理论物理学家理查德·费曼，摄于1954年。

（上图）加州理工学院的局部。

一场科学的赌博

在科学界，特别是宇宙学界，一直有个传统，那就是对一个理论，以及该理论是否能被证明或者证否进行打赌。

而霍金带着他顽童似的乐趣和在戏剧上的天分，全心全意地拥护这项传统，并且成为它最伟大的现代践行者。纵观霍金的整个职业生涯，他打了很多高调的赌，其中最早也是最有名的赌约之一，就是1974年他跟美国物理学家基普·索恩关于一个特殊黑洞的存在性打的赌。

1964年，天文学家在天鹅座发现了一个奇怪的天体。这个被标记为天鹅座X-1的未知物体向太空中放射出大量的X射线。宇宙学家提议说那儿一定有一个黑洞，它吸进巨量的气体和尘埃，然后经过黑洞的巨大引力加速到接近光速，从而造成它超级热而且发出大量辐射。作为一个终其一生都在研究黑洞存在性的人，霍金极其希望这个预测是真的，所以他和加州理工学院的同事索恩，很开心地打了个赌。

赌约是手写的，很可能是由索恩操笔的，上面写道：

（左图）天鹅座 X-1，由 X 射线望远镜钱德拉（Chandra）拍摄。

鉴于斯蒂芬·霍金在广义相对论和黑洞上花费了大量心血并渴望一份保险，而基普·索恩喜欢毫无保险的危险人生，因此斯蒂芬·霍金以一年的《阁楼》杂志订阅赌天鹅座X-1不包含一个黑洞，而基普·索恩以四年的《私家侦探》杂志赌包含黑洞。

在赌约最后是两个签名，其中有一个特别潦草。虽然天鹅座X-1永远不太可能被确切地证明是一个黑洞，霍金在1990年认为已经有充足的证据证明他输掉了这场打赌。根据基普自己说，在一次访问洛杉矶时，霍金冲进基普的办公室，在赌约的最后按上了他的大拇指手印，从而结束了这场打赌。然后霍金按时地完成了他的那一半契约，给索恩订阅了活色生香的软色情杂志《阁楼》，并注意到了这位美国人的妻子并不是那么中意他做的事情。

（下图）1974年基普·索恩和斯蒂芬·霍金所签赌约的文本，最后左边是霍金潦草的签名。

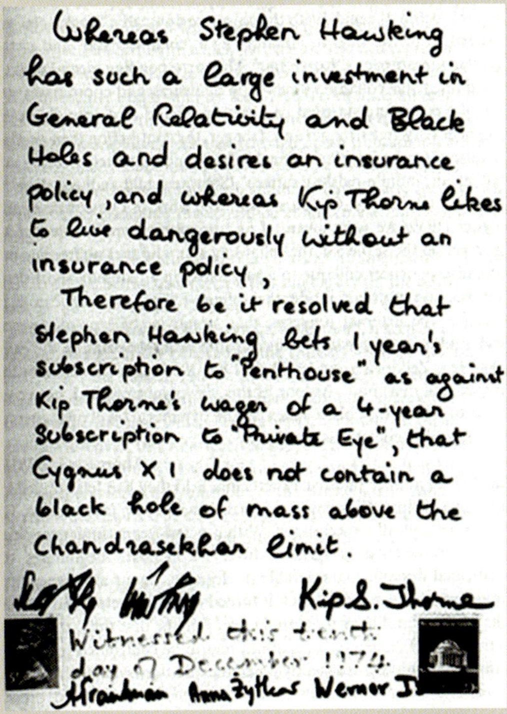

Whereas Stephen Hawking has such a large investment in General Relativity and Black Holes and desires an insurance policy, and whereas Kip Thorne likes to live dangerously without an insurance policy,

Therefore be it resolved that Stephen Hawking bets 1 year's subscription to "Penthouse" as against Kip Thorne's wager of a 4-year subscription to "Private Eye", that Cygnus X1 does not contain a black hole of mass above the Chandrasekhar limit.

Kip S. Thorne

Witnessed this twenth day 7 December 1974.

第4章

黑洞战争

宇宙之匙：日益提升的形象

1975年夏天，霍金一家返回英国的剑桥，霍金以它为基地发起了一场全球征服运动。

霍金在职业生涯和学术声望上的提升是跟他日益提升的公众形象相匹配的，这是第一次，但绝不是最后一次，卡车和摄像机来到霍金的住处，拍摄霍金的纪录片。1977年英国广播公司的纪录片《宇宙之匙：寻找创世法则》，是对于粒子物理和宇宙学当代进展的一个调查介绍，它在把霍金从一个国家形象转变为一个全球形象的道路上迈出了第一步。它把一个漫游宇宙的伟大头脑和虚弱扭曲的身体的非凡融合带到了公众意识中："尽管地球用其轻柔的重力将他困在轮椅上，"解说员吟诵道，"但在他的脑海里，他掌控着黑洞的巨大引力。"

随着霍金的病情的持续恶化，他采取了一些措施来改善他的工作状况。首先他找到了一

（上图）位于银街上的剑桥大学应用数学和理论物理系。　（对角图）1981年，霍金与朱迪·费拉在冈维尔与凯斯学院的办公室里。

个准教授职位来延续他的研究员职位，这使得他可以继续待在应用数学和理论物理系。随后给他安排了一个全职的秘书——充满活力的朱迪·费拉（Judy Fella）减轻了简的一些行政工作压力，还让霍金的学术之路变得更为顺畅，比方说帮助他安排诸多去其他教育机构和科技会议的访问行程等。1976 年秋天，曾经跟霍金在加州理工学院合作颇见成效的唐·佩奇，搬到他家成了与霍金同住的研究生。佩奇是一个虔诚的福音派基督徒，这对持无神论的霍金来说明显是一个奇怪的搭配，不过霍金看起来是挺喜欢有一些温和且有教养的神学争论的。

选择的武器

　　他们第一次相遇时，简就被霍金莽撞的驾驶风格吓到了，因为他看起来丝毫没顾虑到自己的残疾。现在电动轮椅再次给了他将生活置于危险中的可能。他有做事漫不经心的不良名声，比方说，他会欢快地全速冲下陡峭的旧金山的街道，或者是在做报告的时候粗心地从讲台边缘坠落，在某次发生了类似情况的时候，他打趣地说他"从宇宙边缘坠落下来了"。霍金也会使用他的轮椅做武器，或者至少是用来表达轻微抵抗时的一种手段。其中一次声名狼藉的事件发生在 1977 年，他被邀请去参加在伦敦举行的查尔斯王子加入皇家学会的仪式时，霍金设法轧过了王子的脚趾头。后来听别人说，他还哀叹到不能对玛格丽特·撒切尔做同样的事情，尽管他否认了对他曾用轮椅伤害别人的指控，并说这是"一种恶毒的谣言——我会碾过任何重复说这个的人"。

（右图）霍金对于他的电动轮椅带给他的自主和自由非常高兴。

卢卡斯教授

1977年秋天，霍金被任命为教授，各类的奖励和荣誉也接踵而来。1976年，他被授予英国皇家学会的休斯奖章（Hughes Medal），那是授予"物理领域杰出的研究者"的。1978年，他获得了美国物理学界最高荣誉"阿尔伯特·爱因斯坦奖"。

霍金还被包括牛津大学在内的许多学术机构授予了荣誉博士学位。1979年，他被任命为卢卡斯数学教授，这可能是英国甚至全世界科学界最有名望的职位，而且其历史可以一直追溯到17世纪（见方框）。霍金在这个职位上做了30年。在剑桥大学，获得此类荣誉的人通常会在授予状上签上自己的名字，这是一个传统。

霍金写下的东倒西歪的接受签名是他最后一次签自己的名字。

这个时候，霍金已经着眼于实现爱因斯坦的梦想——"一个统一所有物理定律的完整一致的理论"。1980年，他为自己任命为卢卡斯教授的就职演讲取了一个雄心勃勃的标题"理论物理的结局到来了吗？"在讲座中，他认为

数学教授

卢卡斯教授职位以亨利·卢卡斯（Henry Lucas）的名字命名，他是一位杰出的牧师，给剑桥大学捐赠了他的图书馆和一份授地合约，用来出资设立一个数学教授职位。卢卡斯教授职位在1664年由查尔斯二世正式建立，目前为止已经有许多科学界的知名人士担任过该职务。第一个担任者，艾萨克·巴罗（Isaac Barrow），在微积分方面做了重要的工作，后来由他的门生及继任者艾萨克·牛顿接任。这个职位的其他担任者还包括计算机之父查尔斯·巴贝奇（Charles Babbage）和获得诺贝尔物理学奖的理论物理学家保罗·狄拉克（Paul Dirac）。

（右图）艾萨克·巴罗，卢卡斯数学教授的第一个获得者，作为艾萨克·牛顿的导师，他在光学和微积分上有过重要贡献。

可能存在一个万物理论，并且指出 N=8 超引力理论（见第 62 页的"超对称"）可能是最有希望的答案。

（下图）展示万物理论元素的概念图，其中包括基本作用力和基本粒子、空间和时间、爱因斯坦场方程等。

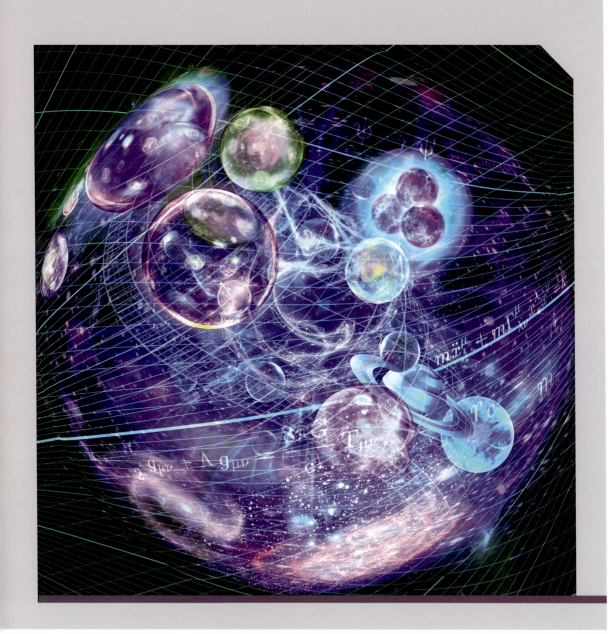

超对称

　　1980 年一个叫作超对称理论的变体成为霍金万物理论的候选者，它是为了实现大统一理论（Grand Unified Theory，见对角方框）、弥补粒子物理标准模型（Standard Model）的错误和缺陷的一个尝试。要理解超对称，需要先了解对称性在基础物理中的含义是什么。物理学中的对称指的是自然法则运作的时候，在一定限制条件下是有章可循的。例如，自然界的一个基本对称就是，物理定律在整个空间和时间都是一样的，因此不论物理实验在何时何地进行，都会得到相同的结果。物理定律对于速度也是对称的，这促使爱因斯坦意识到他

的狭义相对论的一个事实：这个对称性向他展示了空间和时间是相关的。在基础物理层级的时空对称性掌管着基本粒子的性质和相互作用，也使得预测未观测粒子的存在性成为可能。

　　但是如果空间和时间的维度比我们能够观测到的更多呢？粒子物理理论学家意识到，这些更高维度中的对称性或许可以解释标准模型中目前还不合理的许多事物，而且可以填补某些空白。他们称这些高维中的对称性为"超对称"。在超对称理论中，每个标准模型中的粒子都会有一个超对称的对应物，有助于解释标准模型中的不一致或者不合理的事物。比方说，传递引力的粒子，引力子，会有一个超对称的对应物，叫作引力微子。在霍金偏爱的超对称版本——N=8 超对称理论里，实际上有 8 种引力微子。

　　如果超对称是正确的，那么在那里还会有数十种其他的基本粒子，但是我们为什么还没发现它们呢？如果超粒子跟已知粒子真的是对称的，它们应该具有相似的质量，以及相似的特性，我们应该也了解它们。显然，现实情况并非如此，物理学家认为，其中的原因是我们宇宙的某些

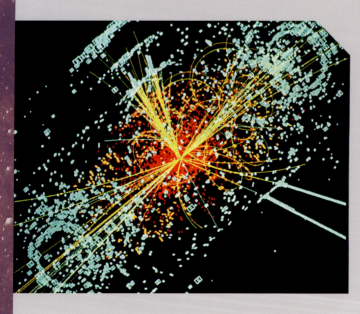

（左图）大型强子对撞机收集数据的一个例子。图中可以看到粒子的轨迹：质子正在碰撞，产生了许多小的粒子，其中就包括希格斯玻色子。

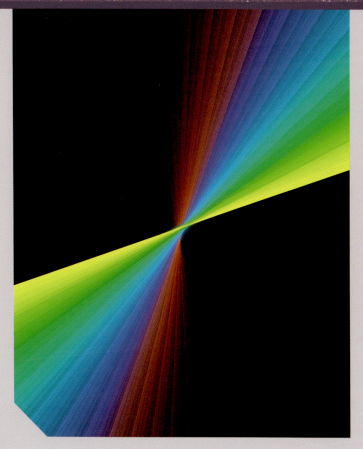

属性会导致他们所谓的"对称性破缺",尽管"对称性掩盖"可能更贴切些。这种特性,或许跟赋予粒子质量的希格斯场有关。这种属性下,超粒子的质量超出了现有技术可产生和检测的范围,因此其存在性被掩盖了。不过,大型强子对撞机是有可能产生足够高的能量水平来探测某些形式的超粒子的,正如它成功地探测到了极其巨大的希格斯玻色子一样(见第107页)。

(左图)对于超对称模样的一个概念展示。在超对称中,已知粒子在高维中可能有对应粒子。

万物理论对大统一理论

理论物理的圣杯是要将宇宙的不同理论和模型合并成一个统一的结合体。然而,这个雄心壮志的术语可能会有些令人困惑,特别是由于大统一理论和万物理论两者之间其实是有区别的。大统一理论是被寄予厚望的粒子物理(对于自然中的基本粒子和作用力的解释)标准模型中不同方面的统一,其中有三个基本力:电磁力、强力和弱力。事实上,物理学家已经实现了电磁力和弱力的统一,将其命名为电弱理论。但是到目前为止,还未成功地统一强力和电弱作用以完成大统一理论,事实上,大家都不清楚这是否可能。然而,除此以外,还存在第四个力,也就是引力,而将其与其他三种力统一以完成万物理论的尝试,却遇到了统一相对论和量子力学的挑战。后两者的结合被称为量子引力,是万物理论的关键元素,但是还需要一个可用的大统一理论,不过事实是,正如前所述,这或许是不可能的。

异常沮丧：黑洞信息悖论

霍金描述霍金辐射和黑洞蒸发的绝妙且简洁的方程，使他成为宇宙学界黑洞研究的大师。

然而，他所做的工作撼动现实的意义会将宇宙学界推向转折点，并使霍金卷入可能是他职业生涯中最惨烈、最长久的争论。这一切都始于约翰·惠勒的黑洞无毛的论点。

惠勒的"无毛定理"意味着，一旦信息被黑洞吞噬，它就会被宇宙的其他部分永久隔绝；没有什么可以逃脱黑洞，而因为黑洞没有毛发，

所以它们不会展示任何关于它们吞噬信息的记录。这就像你把一本书放进一个只有一个单向门的保险箱，而保险箱的显示屏上可以看到的只有这本书的重量。至关重要的是，这种信息并没有违反信息守恒定律（见第67页的方框），因为尽管信息是永远不可获取的，但它仍然存在于宇宙中。拿我们的类比来说，你永远不可

神秘的物理粉丝

沃纳·爱海德（Werner Erhard，原名约翰·保罗·罗森堡）是一个美国商人，20世纪70年代他凭借自己的新时代个人发展治疗项目"爱海德研讨班培训"（est）发了大财。尽管"est"因其激进的手法和类似邪教的特性而声名狼藉，而且在启示和展望上也毫无疑问是非科学的，不过爱海德个人却对理论物理充满热情。他把自己在旧金山宅邸的阁楼改装成了一个微型会议场所，用来组织每年的物理会议，并吸引了很多人的喜爱，其中就包括霍金、伦纳德·萨斯坎德（Leonard Susskind）、理查德·费曼和赫拉尔杜斯·霍夫特（Gerard't Hooft）。

（右图）沃纳·爱海德，商人，也是有争议的个人成长领袖和理论物理的粉丝。

黑洞无毛

　　在物理学世界里,"信息"一词可以有非常明确的含义,其中一个指的是可以描述一个粒子或者能态(也被描述成一个波形式或者量子波函数,这个可以联系到如下事实:在量子物理中,每个实体是波,同时也是粒子)的变量或者性质。有许多这样的变量/性质,而约翰·惠勒将这种复杂细节描述为"毛发"。在描述黑洞时,惠勒提议说只需要三个性质:质量、角动量和电荷。他主张说,黑洞是没有毛发的。实际上,对于某些种类的黑洞,仅需一个变量就足以描述(见下表)。

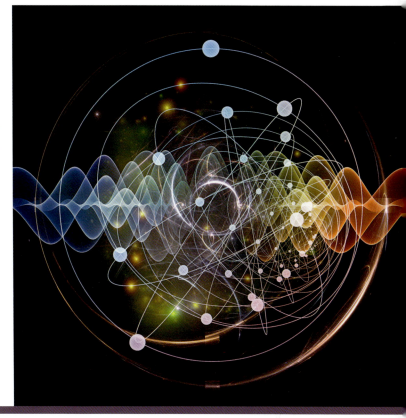

(右图)这幅图展示了量子波函数如何描述一个原子系统。

黑洞类型	质量	电荷	动量
史瓦西	需要	不需要	不需要
来斯纳 - 诺斯特朗	需要	需要	不需要
克尔	需要	不需要	需要
克尔 - 纽曼	需要	需要	需要

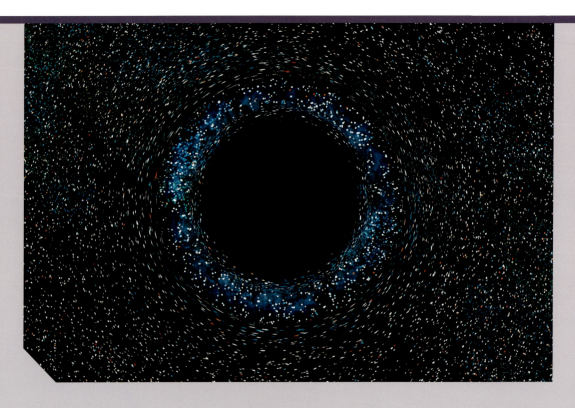

（上图）艺术家创作的黑洞的概念图，引力弯曲了通过事件视界附近的光。

物理中的守恒定律

　　科学，甚至存在本身之所以有效，是因为从根本上来说，宇宙是可预测的和有章可循的。其中的一个关键方面就是，事物不可能莫名出现或者凭空消失。这些"事物"可能是物质，能量或者信息。虽然它们可能会变形，甚至无限分散，但它们不能凭空消失或者出现；科学家说它们是"守恒的"。这在科学上等价于说二加二等于四；如果它等于三或者五，那么数学就不再有效了。类似的，如果自然的基本方面，比方说能量或者信息能够凭空出现或者消失，那么物理也就不再有效了。

能再读那本书了，但你知道它在保险箱里。不过霍金辐射理论威胁着要从根本上改变这个类比。

　　在他的霍金辐射理论中，霍金认为，来自事件视界的粒子辐射是完全独立于进入黑洞的物质的，如果它们与原先的物质毫无关联，那么它们就不能保留任何信息。然而，霍金辐射会同时导致黑洞蒸发。但是当黑洞完全蒸发后，会发生什么呢？进入它的所有信息都到哪里了呢？在我们的类比中，这就像你拆解了保险箱，却发现里面什么也没有一样。进入它的所有信息都消失了，像魔法一样。霍金称这个为"黑洞信息悖论"。

　　霍金于 1981 年在沃纳·爱海德的缩微物

理会议上提出了这个信息悖论，该会议在爱海德专属的旧金山宅邸举办（见第64页方框）。在场的听众中唯一可能明白霍金所讲内容意义的人，是美国物理学家伦纳德·萨斯坎德，他看出如果霍金是对的，那么黑洞确实违反了信息守恒，这样的话我们了解和相信的关于宇宙的几乎所有事情都会受到威胁。正如霍金所说："我们将无法预测未来，甚至也不能确定我们过去的历史。"可测性和因果律就会受到致命性打击，而量子力学，迄今为止可能是所有物理中最成功、被严格验证和证明过的理论，也可能会是错误的。霍金回忆道"伦纳德·萨斯坎德非常沮丧"。

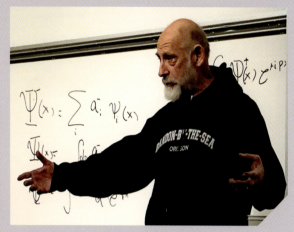

（上图）2013年，伦纳德·萨斯坎德在斯坦福大学讲课。

量子力学的信息守恒

　　量子力学里的"信息"是描述一个粒子在某个特别状态的所有性质，包括自旋、电荷、动量、质量、位置、温度等。不管是顺时还是逆时，量子力学的数学都是有效的：计算总是可逆的，不过这只有在等式一边的信息跟另一边的信息匹配时才有可能。这并不意味着一片破碎的玻璃会自行重拼，不过至少从理论上来讲，重拼所需要的信息在玻璃破碎之后依然存在。理解这个的另一个方法是，量子力学可以预测结果的概率，而根据定义，所有可能结果的概率之和必须是1。一个类比是考虑抛一枚硬币的可能结果。某个结果的概率会是一个分数（比方，得到正面的概率是0.5），但是所有结果的总概率必须是1。如果你把所有可能结果的概率加起来，得到的不是1，那么肯定有什么事情与事实本质大相径庭了。在量子范畴里，信息等价于概率，所有信息的总量必须"加和为1"。信息不可能丢失或者复制，这被称为信息守恒定律。

毫无疑问他是错的：黑洞战争

令霍金瞬时就变得声名狼藉的黑洞信息悖论给物理学家对宇宙的理解带来了一个巨大的挑战，并对他们所依赖的世界观理论的根基产生了威胁。

如果霍金是正确的，那么广义相对论或者量子力学就是错的，或者两者都是错的。伦纳德·萨斯坎德记得那天在爱海德的阁楼里霍金的脸上浅浅的自鸣得意的笑容，他和他的同事"十分确定霍金是错的，但是我们看不出来为什么"。他们试图证明霍金是错的，这激发了萨斯坎德创作出了题为《黑洞战争》和《我和霍金为了使世界让量子力学安全的战争》的作品，这是他关于该话题所写的两本书。

悖论的一个可能解决方案是，霍金辐射以某种方式保留了信息。还记得吗？霍金辐射粒子产生于事件视界的某一侧，向外的粒子实际上并非来自黑洞"内部"。因此，为了使霍金辐射携带信息，那该信息必须是丢失在黑洞内部的信息的一个拷贝，但是拷贝也是违反信息守恒定律和量子力学的。霍金相信量子力学很明显是错的，或者至少是不完整的，就像牛顿的运动定律在被爱因斯坦用相对论扩充之前也是不完整的。对霍金来说，黑洞信息悖论既是机遇又是挑战：他要通过发展量子引力学理论来构造一个改进的、更完备的量子力学。

（左图）艺术家所作的起源于一个黑洞的霍金辐射的概念图——这个辐射可以解决信息悖论吗？

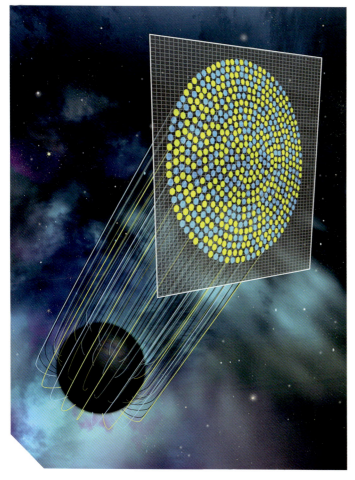

（左图）艺术家关于黑洞全息概念的可视化图；在事件视界里的三维世界信息被转成了二维全息图。

（下图）德国理论物理学家和诺贝尔奖得主，赫拉尔杜斯·霍夫特。

　　然而，萨斯坎德和其他强大的思想家已经开始致力于证明霍金是错的，从而拯救量子力学。他们想证明，相对论才是必须要修改的那个。到1992年萨斯坎德和诸多同事已经发展出了互补论，提出可以用一个独创性的方式，在不违反信息原理的情况下复制信息。在事件视界外面的观察者会看到信息在事件视界汇集，然后在霍

金辐射粒子中向外传递，从而为黑洞外面的宇宙保留了这些信息。在事件视界里面的观察者会看到信息落进黑洞里，不过因为内外观察者永远无法交流，所以并没有复制信息的悖论产生。

　　互补性反过来又取决于是否存在着某种方法，可以将落进黑洞的信息用某种方式"记录"在事件视界。赫拉尔杜斯·霍夫特用他

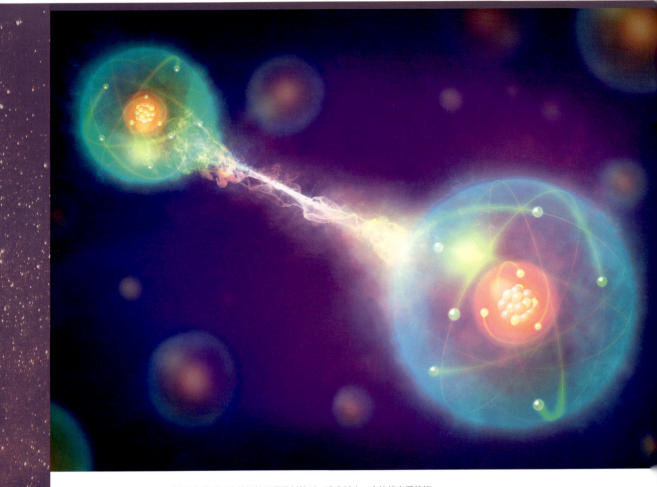

（上图）当成对的粒子处于量子纠缠时，确定其中一个的状态后就能
立刻确定另一个的状态，不管它们离得多远。

伦纳德·萨斯坎德

伦纳德·萨斯坎德出生在纽约南布朗克斯穷苦的街区，他顶住了来自父亲的压力，没有子承父业去做管道工。他告诉父亲自己想成为一名物理学家，"跟爱因斯坦一样"。1979年，他开始在加州的斯坦福大学教书，在那里做理论物理学教授，也是斯坦福理论物理研究所的所长。萨斯坎德最为人所知的是，他是弦理论（见第71页方框）的权威人士之一。

的全息模型发展了一个理论来解释这一点。它指出，黑洞内部三维世界的信息被转化成一个在围绕事件视界表面的二维表达，正如全息影像是在二维平面上捕获的三维图像一样。萨斯坎德成功地对全息理论进行了弦理论验证，《加州文学评论》（*California Literary Review*）趁机发表了那个不朽的头条消息，"萨斯坎德在量子困境的争论中碾压了霍金"。

然而，这并非故事的结局。在有计算展示了跟黑洞蒸发关联的可疑的纠缠效应（配对粒子即使离得很远，也会互相影响彼此状态的现象）后，全息模型也产生了自己的悖论。当黑洞已经蒸发掉一半的时候，大量的信息已经从事件视界的全息里丢失，以至于事实上已经没有内部可言了，而落入的信息会撞上事件视界的一个无法逾越的屏障，然后消失殆尽，从而创造了一个所谓的防火墙。这个防火墙在经典相对论里是不应该存在的，这就产生了一个会摧毁相对论的悖论。萨斯坎德提出了一个解决方案，其中包括连接黑洞内外的纠缠粒子的虫洞，然而，此时的霍金已经转到一个跟他在黑洞上的工作截然不同的方向上了（见第7章）。

弦理论

弦理论是一个复杂的理论，它将粒子描述成多维弦的振动环。在四维时空的基础上，弦理论假想了多达七个（或者更多）额外的维度，然而它们被折叠得很小，以至于现代科技探测不到。弦理论看起来是通过结合量子力学和相对论，给标准模型（见第63页）提供了一个大统一理论，这使其成为万物理论的一个热门候选，但是想通过实验或者观测来验证或者证明该理论却超乎寻常地困难。

（右图）一个超弦的概念图，其中另外的七维或者更多维被卷成了无穷小的弦或者环。

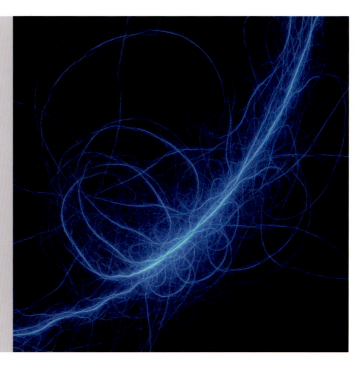

取消宇宙奇点：无边界假说

在霍金致力于研究黑洞多年之后，他受邀在1981年的梵蒂冈宇宙学会议上致辞，这重新唤起了他对宇宙的起源和命运的兴趣。

作为一名听众，教皇约翰·保罗二世在会后告诉霍金，他认为尽管宇宙学家研究宇宙的进化是没问题的，不过他们不应该尝试探究创造的时刻本身，因为这是上帝的专属事情。霍金后来挖苦似的评论道，他很高兴教皇不了解他刚刚做的报告的主题。这个报告使得霍金脑海中第一次浮现出了一个想法：创造时刻可能根本不存在。

在随后的两年里，霍金跟美国科学家、加州大学圣巴巴拉分校的物理学教授詹姆斯·哈特尔密切合作。他们一起构建了一个早期宇宙的理论模型，并称它为"无边界假说"。

霍金以证明宇宙一定起源于一个奇点开启了他的职业生涯，现在却开始寻找方法证明其对立面。对他来说，奇点并不令人满意：它们无法用物理学解释，因为它们代表着物理学定律的崩溃。实际上，它们使得回答关于创造和宇宙从何而来等真正重大的问题变得不可能，给上帝存在论和其他类似理论留下了充分的发展空间。通过对早期宇宙的量子引力学的深入探索，霍金和哈特尔现在力图证明奇点是不必要的。

（下图）美国物理学家詹姆斯·哈特尔，他跟霍金合作提出了无边界假说。

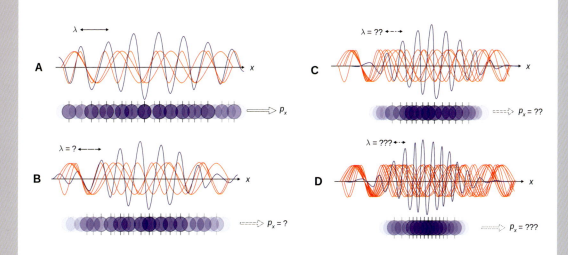

不确定性原理和拖尾效应

　　不确定性原理指出，不可能精确地确定一个粒子的位置和动量（见第48页）。在尝试描述一个粒子的这些属性之一时，不确定性原理具有物理学家所谓的"拖尾"效应。与其说一个粒子是一个单独的、定义明确的点，不如将它描述为概率上的一种云图或者涂片更为准确。粒子位于某一点的概率在涂片的中心是最大的，而在离中心越来越远时，其概率变得越来越小。在正态分布中可以看到该效应的一个简单的图示。分布在中心的权重特别大，往两边就越来越小。比方说，如果图形表示的是一个粒子的动量

是某个确定值的概率，那么它意味着这个粒子的动量有很大的概率在中间范围，但是动量等于两边极值的概率也还是有的，虽然近乎为零的小。

（上图）该系列图片展示的是，随着波函数中的某个变量变得更加确定，其相关的变量的不确定性增加。

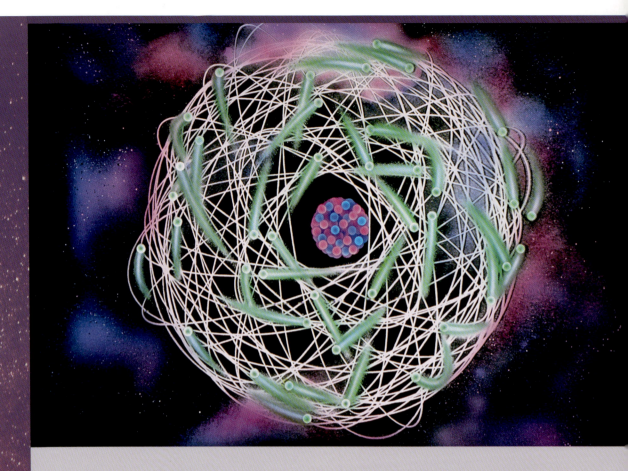

收缩盒子里的愤怒蜜蜂

不确定性原理的一个结果就是，你对一个粒子的一个属性越确定，对其另一个属性就越不确定。换句话说，如果你精准地确定了一个粒子的动量，那么该粒子位置的不确定性就会增加，而且拖尾效应会将该粒子的可能位置延伸到更大的范围。反之亦然，如果你对粒子的位置越确定，那么它的动量的不确定范围就会更大。对粒子来说，这意味着如果它为了处于不同位置的自由度越小，那么它的动量就可能变得越极端。一个类比就是困在收缩的盒子里的一只蜜蜂。盒子越收缩，蜜蜂就会越兴奋，就会越生气地横冲直撞。这就是为何在原子里，尽管带负电的电子和带正电的质子之间存在静

电引力，它们之间却一直保持一定距离的量子力学上的解释。如果电子被吸引到质子那里，它的位置就被精准地确定了，那么它的动量实际上就会变得具有无限可能，从而使得它变得太强大以至于不能被原子核控制住。霍金和哈特尔试图证明宇宙起源时的粒子存在类似的事情。

（上图）原子核周围云里的电子轨道。量子不确定性解释说，尽管它们之间有静电引力，但带负电子的电子却没有被吸引到跟原子核中的带正电的质子结合。

霍金和哈特尔思考的关键在于不确定性原理和它的拖尾效应（见第73页的方框）。在宇宙最初开始的那一刻，所有的物质和能量都被限制在一个无限小的空间里，就跟一个收缩盒子里愤怒的蜜蜂一样（见对角方框），所有粒子的动量（扩展一下的话，还有它们的速度）都会获得无限的不确定性。它们实际上会移动得比光速还要快，从而打破空间和时间之间的壁垒。正如霍金所说："在最早期的宇宙中，当空间还是非常紧凑的时候，不确定性原理的拖尾效应会改变空间和时间的基本差别。"根据霍金和哈特尔所说的，在这些条件下，"我们可以说时间变得完全空间化了……那么我们可以更准确地去讨论的就不是时空了，而是四维的空间。"空间化的时间使得他们可以将宇宙的历史想象成一个封闭的曲面：一个没有边界或者边缘的有限表面，就像球或者地球仪一样。这样的表面没有开始或者终止。对此经典的类比是地球的北极（见右边方框）。

从北极点所见

如果你尽量一直往北走，那么你最终会到达北极点。但是，如果你从北极点继续往北走，会发生什么呢？这个问题毫无意义，因为不管你朝任意方向前行，你都会开始往南移动。在北极点没有北，一条经线没有界限或者边界——它只是简单地围着地球转回来了。同样，霍金认为，宇宙的历史也没有开端（或者假设说没有终结）：如果你返回最初的时间，你会发现自己再次向前走了。追问宇宙起源之前是什么，其实是犯了一个范畴错误。

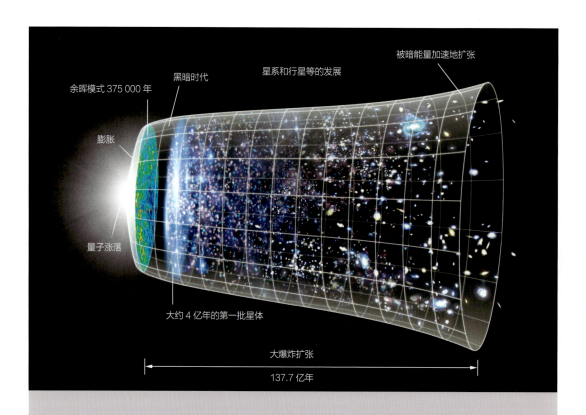

余晖模式 375 000 年

黑暗时代

星系和行星等的发展

被暗能量加速地扩张

膨胀

量子涨落

大约 4 亿年的第一批星体

大爆炸扩张

137.7 亿年

在入口没有空间?

　　至关重要的是，无边界宇宙移除了对于创造进行解释的需要。"奇点是从何而来"和"在它之前是什么"等问题都变得不再相关了。宇宙是自给自足的，它不是被创造的，它直接就在那里了。对于霍金来说，这个假说不一定排除了上帝的存在，它只是意味着上帝对于宇宙是如何开始的毫无选择权，这似乎给了上帝无所不能的观点致命一击。可能更重要的是，从他作为科学家的角度来看，无边界假说表明宇宙的整个历史可以用科学来解释了：

　　……没有奇点，科学定律在任何地方都适用，包括在宇宙起源的时候。宇宙起源的方式将由科学定律决定。

（上图）宇宙时间线示意图。对霍金来说，重要的问题是在最左边应该展示什么？

（对角图）霍金在 2012 年的西雅图科学庆典上讨论了在宇宙大爆炸时发生的事情。

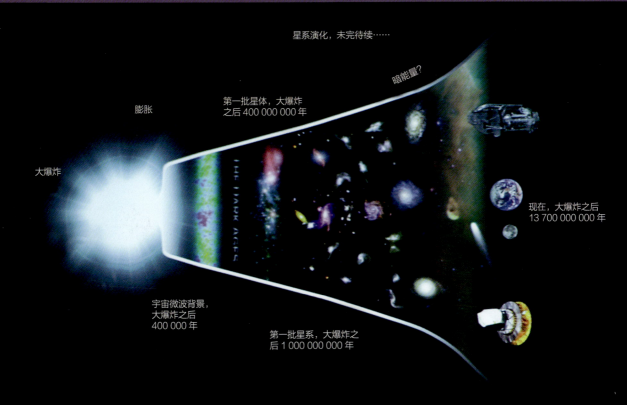

星系演化，未完待续……

暗能量?

膨胀

第一批星体，大爆炸
之后 400 000 000 年

大爆炸

现在，大爆炸之后
13 700 000 000 年

宇宙微波背景，
大爆炸之后
400 000 年

第一批星系，大爆炸之
后 1 000 000 000 年

太阳系形成，大爆炸之后
8 700 000 000 年

第5章

时间简史

A BRIEF HISTORY OF TIME

FROM THE BIG BANG TO BLACK HOLES

STEPHEN W. HAWKING

INTRODUCTION BY CARL SAGAN

巨大期望：霍金成为非传统畅销书作家的计划

到20世纪80年代中期，霍金已经在学术上获得了成功，而且也为他的个人护理获得了至关重要的资金支持。然而，即使是英国机构的顶尖学术职位也不能赚大钱，而且跟其他家庭一样，霍金一家觉得他们还需要更多的收入。尤其是，他们想攒够送女儿露西去上私立学校的钱。

这项财务压力是霍金开始一个大胆行动的动力之一，那是一项不管是智力上还是商业上都具有惊人雄心的新作品。他想写一本关于宇宙起源和宇宙的书，还涉及宇宙所有事情背后的复杂科学，从量子引力学、黑洞熵到弦理论和波函数。但是，不同寻常的是，对于这本内容势必复杂和充满智力挑战的作品而言，霍金想让它得到普罗大众的认可，希望尽可能多的人阅读此书。因为霍金平时还要处理很多其他事务，他看起来是想要挑战不可能的任务并且取得胜利。

跟他工作的其他方面一样，写字或

（左图）霍金一家送他们女儿露西去上的付费学校。攒够学费是霍金写一本科普书籍的主要动力之一。

者打字对于霍金来说是不可能的，他得依赖他人的帮助来翻译他几乎无法被破译的讲话，并把它转化成文字、行动或者方程。在写书时，他跟他的研究生布瑞恩·惠特（Brian Whitt）紧密合作。惠特会先听霍金模糊的措辞，并要求他重复和澄清，然后会写下他对此的理解，然后将其展示给霍金进行确认。整个过程缓慢而费力，

而且霍金有很明确的动机，要尽量简明扼要。因此，在他的工作中，他会控制自己的用词冗余，转而用可视化或者几何的形式进行思考。霍金现在也将这个方法用于科普书籍的写作中，正如他所描述的："我用图形的方式思考，而我在本书的目标是借助熟悉的类比和一些图表，用文字来描述这些脑海中的图像。"

以机场为目标

　　1984年霍金已经完成了该书的初稿。然而他对这本书的雄心似乎与他惯用的出版商——剑桥大学出版社的想法并不一致，他之前的学术书籍都是由该出版社负责出版的。他们预测最好结果是每年在市场上卖出2万本。但是霍金定的目标要高得多。他梦想着可以看到自己的书跟其他畅销的文艺作品和惊悚小说一起，在机场的书店出售。

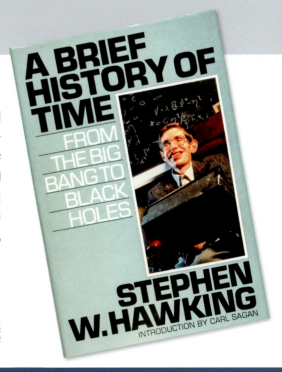

（右图）《时间简史》第一版。霍金在轮椅中的著名照片招来了指责，有人说这本书的成功更多地归功于人情味而不是文学价值。

完成杰作

简对霍金新书的期望也很普通：她希望它可以带来常规且为数不多的"补贴收入"。但是霍金认为这是一个商机。

他跟纽约的一个顶尖文学代理取得了联系，他叫艾尔·祖克曼（Al Zuckerman）。祖克曼意识到霍金的非凡人生故事可以作为强大的营销卖点，也是能吸引到一个大出版合同潜在的美味诱饵。霍金寄给他一份简洁的 100 页的稿件，标题是《从大爆炸到黑洞：时间短史》，而祖克曼也开始在出版商中间兜售，寄希望于可以挑起一场竞价战争。

有一家叫作班坦（Bantam）的出版商特别感兴趣，不过它并不怎么出版晦涩难懂的科学书籍，它更多的是出版一些畅销作家的作品。换句话说，这正是霍金想要的。彼得·古扎迪（Peter Guzzardi）是班坦的一个编辑，他曾读过关于霍金的一篇杂志报道。那篇报道讲述了一个大家现在已经耳熟能详的传奇故事——一个伟大的头脑是如何摆脱其脆弱身体的局限，去努力解决宇宙问题的。古扎迪特别感兴趣的是关于霍金鞋子的一个八卦细节：霍金的鞋底是全新的，因为它们从来没有着过地。作为意外之喜，他在去跟祖克曼共进午餐的途中读完了这篇文章，而且很快就竞标了这本书的版权。

（上图）传奇的纽约文学代理商，艾尔·祖克曼，他帮着促成了霍金和畅销书出版商班坦之间史无前例的合作。

（左图）当霍金开始撰写他的畅销科普书籍时，他的病情已经恶化到需要跟一名研究生共同来写作的地步了。

（下图）艾萨克·牛顿爵士，霍金担任过的卢卡斯教授职位的前任之一，他也是一位著名的常常使用类比的方式来概念化和传播他的科学理念的人。

科学中的类比

　　霍金的出版商班坦曾在某个时候建议雇用一个代笔写一些更容易理解的内容，但被霍金拒绝了。在写作早期，他曾被提醒过，每多一个方程，书的读者就会减半。因此，他只放进去了一个方程：爱因斯坦著名的$E=mc^2$。为了取代复杂的数学，霍金和惠特尝试尽可能多地使用类比，用文字来描绘霍金脑海中的图像。通过这样做，他们实际上延续了科学界的一个珍贵传统。艾萨克·牛顿爵士也曾使用过类比来展示一些概念，例如轨道速度、逃逸速度、离心力和引力作用，而类比对于爱因斯坦在狭义相对论和广义相对论中的突破来说也是至关重要的。然而，霍金也意识到了类比的局限和危险。基于定义，类比并不确切，如果延伸太多的话，就容易产生误导。

（上图）带着标志性幽默的霍金。他最引起争论的一个方面就是他对宗教的态度。他在这个话题上所做的模棱两可的频繁论述意味着无神论者和宗教者都会说霍金是站在他们一边的。

班坦出价 25 万美元购买该书的美国版权，还有额外的 3 万英镑用来购买英国版权。这些数字对于一本科普书籍来说是前所未有的。当霍金出差去美国芝加哥参加会议时，古扎迪借机跟他见了一面。追上霍金飞快的电动轮椅之后，他做了自我介绍。而霍金一点也不想浪费时间寒暄，通过布瑞恩·惠特翻译，他直截了当地询问古扎迪是不是带合同来了。双方同意了合同条款，作为一个没有任何科学背景的编辑，古扎迪意识到自己要编辑一本关于黑洞拓扑和空间化的时间维度的书籍。他的建议对于将霍金繁多而又专业的文字转化成可以给普通大众看的内容起到了至关重要的作用。

事实证明，修改该书的过程是漫长而困难的。霍金拒绝在技术准确性上让步，而且他也挣扎于替那些没他聪明的人作换位思考。古扎迪的角色则是代表门外汉：如果他不能理解他所读的内容，他就会发回给霍金，提出问题并要求他给出更多解释，如此反复，直到他能看懂为止。

书籍的终稿最后花了将近两年才完成，部分也是归因于霍金与死神擦肩而过、创伤性手术和随后的恢复，还有他致力于寻求一种新的交流方式（见第 88-89 页）。就在霍金的父亲弗兰克于 1986 年去世之前不久，霍金成功地给他父亲展示了一份书籍的晚期版本，而直到 1987 年夏天，书籍的终稿才交付给出版商。一个明显的改变就是书的标题把"短"字换成"简"字：古扎迪否决了霍金后期对标题的疑虑，坚称他喜欢这个字带来的奇思妙想的感觉。

最后的话

对于《时间简史》饱受争议的最后一段，曾经也有过编辑上的争论，其中霍金认为万物理论可以让人类能够"了解上帝的想法"。他在后来的传记《我的简史》中回忆说："在校稿阶段，我差点将书的最后一句删掉……如果删掉了的话，销量可能会减半。"随着后来该书的大受欢迎，这段话被吹捧为既是霍金是无神论者的证据，同时也给他是上帝的秘密信徒的可能性提供了证据。

濒死危机

1985年夏天，霍金计划在日内瓦的欧洲核子研究组织（CERN）待一个月。他的新助手劳拉·金特里（Laura Gentry）以及一些护士和学生将一路陪同。

跟往年一样，简会趁机跟孩子们过一个露营假期。他们会一起旅行穿越欧洲，然后去跟霍金会合。这次她是跟乔纳森（见第95页）一起旅行的。

简、乔纳森、露西和蒂莫西约好了在拜罗伊特跟霍金碰头，那是德国的一个小城，瓦格纳音乐节每年都会在那里举行。他们到达前一晚，简从一个公用电话打电话过去以敲定最

（上图）位于日内瓦的欧洲核子研究组织的超级质子同步加速器，那里是霍金生前经常访问的高能物理机构。

终的行程安排，却听到了一个重磅消息。惊恐的劳拉·金特里告诉她，霍金在日内瓦被肺炎折磨，以致病重住院。

在医院里，简面临重大困境。霍金处于昏迷状态，正依靠一台呼吸机维持生命。他能活下来的唯一机会就是做气管切开术，手术过程包括在他的喉咙切一个洞，使他可以无障碍地呼吸，从而缓解他因咽喉肌肉的日益退化而导致的持续的咳嗽和窒息的风险。然而，接受气管切开术会付出一个沉重的代价，它意味着霍金再也不能说话了，他会失去自己仅剩不多的说话能力。连医生都建议说，移除呼吸机可能还更仁慈一点。

简最后毫不含糊：不管付出什么代价，霍金都会熬过去的。她安排霍金乘坐救护飞机回到了剑桥。气管切开术顺利完成了，霍金也开始了缓慢的康复之路。自那之后，他会借由喉咙上领口附近的一个小开口来呼吸，并且需要额外的护理来保证气道通畅，必要时还要吸出液体。

天才基金

简坚持让霍金搬回家住，而不是去疗养院，但她面临的是全天候护理所需的惊人的费用。这次是基普·索恩出手相助，他让简跟麦克阿瑟基金会联系。那是一个慈善机构，它会提供"天才基金"来帮助有创造性的杰出思想家。在获得麦克阿瑟基金用来支付护理费用之后，霍金在1985年11月回到了家里，他总共在医院里住了3个月。

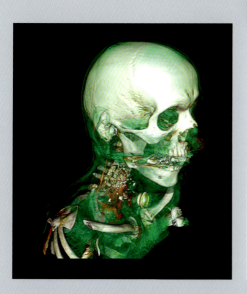

（上图）接受过气管切开术的病人的电脑断层扫描图，开口处需要加一个环保持它张开。这个可以在上呼吸道堵塞或者无法正常工作的时候帮助呼吸。

（上图）基普·索恩；摄于2016年。作为霍金最坚定的朋友，索恩帮忙找到了负责霍金医疗费用的麦克阿瑟基金会。

无言的说话

霍金已经扛过了看起来不能克服的挑战,如果放在其他人身上,可能早就放弃了。现在他又面临着一个新的挑战,不过正如其他方面的残疾一样,霍金最终会把这个挑战转化成机遇。

霍金神经肌肉的退化意味着他已经几乎丧失了说话的能力。只有跟他特别亲近的那些人——家人、护工和研究生——才能翻译他越来越含糊的话语,不过对他们来说也是有难度的。这里让我们想起了他小时候说的特殊"方言"——"霍金语"(见第7页)。

随着霍金开始康复,最初看起来似乎语言屏障变得更高了。一开始他只能通过动动眉毛确定对话者举着的透明塑胶字母板上的字母来交流。这个过程非常耗时,对此霍金非常气馁。他后来说,这是他唯一一次想到自杀,不过即使他尝试停止呼吸,却也无法克服本能反应。

当霍金拿到均衡器软件的时候,情况就大大地改观了。那是加利福尼亚州的计算机工程师沃特·沃尔兹(Walt Woltosz)为他残疾的岳母设计的。这个软件让用户可以使用一台简单的仪器(霍金的学生装配了一个计算机鼠标样子的触发器,使得霍金可以用他有限的肢体能力进行操作)从计算机屏幕上选择单词或者字母,然后使用一个简单的语音合成器将它们转化成词句说出来。布瑞恩·惠特回忆了他去拜访时霍金第一次使用这个软件的情形。

(左图)Word⁺公司的创始人沃特·沃尔兹和一台电池驱动的声音合成器PegasusLITE,它是霍金使用的那个系统的后来版本。

（下面左图）放霍金计算机和语音合成器的结实防撞的盒子，这样更方便搬运。

（下面右图）固定在霍金轮椅上的便携式语音合成器的交互界面，显示了它的自动完成功能如何通过建议一些可能的匹配列表来帮助提高交流速度。

霍金像往常一样直接，输入了"你好"，然后就是，"你能帮我完成我的书吗？"霍金后来承认，虽然一分钟最多说 15 个词，不过一旦熟悉了新系统，他就可以比气管切开术之前更好地与人交流了。

选择一种声音

霍金的合成噪音将会变成他的标志性声音（他甚至为它争取到了版权），不过他当然也可以选择改变它，或者定期地更换它。他宣告说，自己很满意最初提供给他的声音，因为它虽然没有情绪，却有足够多的语调来避免听起来特别像机器人。之后几年，他拒绝了给它"升级"的提议，并指出跟其他人一样，他已经非常习惯这个声音以至于觉得改变它就像改变他的性格一样。尽管不同的人觉得这个声音有不同的特征，从斯堪的纳维亚口音到南亚口音，霍金自己声称这个声音带有美国口音。

书籍的成功

配备了新的交流工具，再加上布瑞恩·惠特的帮助，霍金成功地恢复了他的写书工作，并于1987年夏天完成了最终稿。

《时间简史：从大爆炸到黑洞》于1988年4月1日在美国面世，紧接着于7月16日在英国面世，它很快就成为出版界的现象级作品，成周成月地，最终是成年地在畅销书排行榜上占据首位。霍金实现了他的梦想，在机场书店的书架上看到了他的书，这本书也被翻译成了多国语言。

这本书成功的秘诀是什么呢？人们欣赏它的宏大抱负，喜欢它的宇宙视野，而古扎迪的辛勤工作则意味着，尽管仍然很难理解，但聪明的门外汉却也能读懂。霍金的幽默感也为本书增色不少。其营销卖点当然也不可避免地发挥了作用，该书的美国版本就特别展示了一张霍金在轮椅里的照片，与背景里的星体交相辉映。有流传很广的嘲讽说道，买书的人只是在赶潮流，实际上没人真正去读《时间简史》（见下面方框），还有很多买书的人买这本书只是为了使自己看起来聪明些。

历史上阅读量最少的书？

《时间简史》会是历史上销量最多但是没人读或至少是没读完的书吗？这个建议甚至催生了一个"霍金指数"用来精确衡量这件事情（《时间简史》得分非常高，与E·L. 詹姆斯（E.L. James）的《五十度灰》并驾齐驱）。有趣闻逸事说，很少有读者能读到第4章，而霍金本人也曾表示，他后悔没有花更多精力解释类似虚时间这样的概念。他也承认很多本书被买回去只是为了装饰咖啡桌，不过他争辩说，这将他置身于一个很好的圈子，让他的书跟其他销量很好但是很少人读的书归类在一起，比如《圣经》和莎士比亚的作品。

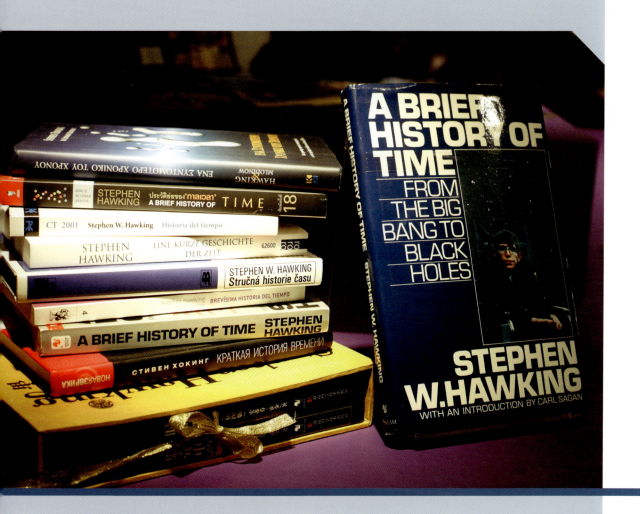

（上图）霍金畅销书的各种语言翻译版本，以及英国的第一版。该书在美国和英国市场上销量太好了以至于出版社将平装书的面世时间推迟到了前所未有的时间。

破纪录者

  《时间简史》的销量超过一千万册，而且被翻译成了40多种语言。它在《纽约时报》畅销书排行榜上连续上榜147周，在英国的《星期日泰晤士报》的排行榜上更是长达5年（247周）之久，至今未被超越。

第6章

高处不胜寒

非传统的安排

在简和霍金结婚的时候，她有意忽略了他的医疗预后这个现实及其对他们将来的共同生活意味着什么。

随着他的残疾加重，简工作的难度也越来越大。她要提供他需要的实用而且常常是贴心的护理，同时还要兼顾许多其他角色：照顾孩子的母亲、支持丈夫学术的妻子、学者、私人助理、旅行代理、秘书和具有多样和扎实的专业能力和公众责任的全球人物的文书助理。她所遭受的身体和精神压力难以想象。同时她还要应对自己在信仰、自我价值和认同感

上的挑战，比方说她对博士学位的不懈追求，因为她觉得剑桥大学教授的妻子也必须在某种程度上展示下自己的学术实力。她自己的基督教信仰也常常因为与霍金的信仰冲突而屡受挑战（见对角方框）。

1977 年末，简加入了附近的圣马克教会的合唱团，这是她疏解精神压力的主要渠道之一。那里的管风琴手是乔纳森·赫利尔·琼

（对角图）1989年，简和霍金在巴黎。霍金的成功只会让简在挣扎于众多角色中的压力陡增。

（右图）1981年，简和霍金两人和孩子们在一起。他们所面临的独特挑战需要非传统的解决方案。

斯（Jonathan Hellyer Jones），他是一个新近丧偶的孤独的男人，跟简有很多共同之处，包括对音乐的热爱和拥有平静的英国国教信仰。他成了霍金家的常客，教露西弹钢琴，并且自愿帮忙照顾霍金。简和乔纳森最终相爱了，但二人的关系仅仅是柏拉图式的。霍金也接受了这个发展状况，只是要求简要继续爱他。在此之后不久，这一对夫妇也确实又生了他们的第三个孩子——蒂莫西。这个家已经习惯于这种非传统的三角家庭关系。不过，霍金在 1980 年和 1985 年的健康危机将会带来巨大变化。

霍金的身体状况持续恶化，不得不接受护士和护工进入他们的家里，这个变化被证明是一柄双刃剑。一方面，简不用再去应对一些不可能达成的要求，可是另一方面，她精心维持的家庭氛围被几个外人搅得天翻地覆。

与个人无关

霍金宣称自己不是无神论者，但对于一个不可知论者来说，他又太极端了。在他的作品和言语中，他常常提到上帝，不过他对于这个词的使用并不准确，因为其中既包括了对物理法则的隐喻，也包括对超出科学范畴的一切概念的总称。不过有一件事情他非常确定，那就是他对宇宙中是否存在个人的上帝，或者一个全能的人持怀疑态度，也不感兴趣。这使得他与妻子简针尖对麦芒，对简而言，她的强烈而又专一的个人信仰一直是处理他们婚姻和生活中许多挑战的力量来源。她有时候会发现他的缺乏信仰对她造成了伤害。

（左图）简和乔纳森·赫利尔·琼斯，后者在1977年进入霍金一家的生活。

分居和离婚

在1985年那次健康危机之后，霍金就需要全天候护理了。

（上图）2004年，霍金和他的第二任妻子伊莲参加一个电影首映式。

招聘的护士之一就是伊莲·梅森（Elaine Mason），她是一个强壮的人，而且有着更坚强的性格。她态度朴实，有着醒目的红头发。作为一名经验丰富且能力出众的护士，她很快就跟霍金相处得很融洽，他们也欣赏彼此的幽默感。她的丈夫大卫，是一个计算机工程师，就是他帮忙开发了霍金依赖的语音技术。通过使用具有合成部件的一台小型电脑，大卫创造了一个便携式的语音系统，它可以挂在霍金的轮椅上，让他不管走到哪里都能携带自己的声音。

自从全天候护理开始，护士和其他协助人员来来往往，霍金家里几乎就跟公共场所一样。让霍金的婚姻关系更紧张的是，他开始越来越喜欢伊莲·梅森了。她是最常陪伴霍金出行的人，而她的保护欲和强硬态度也给霍金的人生带来了压力，其中包括与同事甚至家人之间的关系。

《时间简史》的巨大成功将霍金本就高调的形象捧到了天上。他被全世界的报

（右图）结婚当天的伊莲和霍金。他们在结婚登记处举行了仪式，然后又办了一场教堂婚礼。

纸和杂志追捧，被《新闻周刊》杂志和一个关于他的电视特辑誉为"宇宙大师"。他获得了无数奖章和荣誉。简觉得自己很有必要保持积极的一面，她跟一个采访者诉说自己"对于我们可以维持一个完整家庭的成就感"。然而，真实的情况是，在接下来的几年里，他们之间的隔阂越来越大。

霍金对他的名人地位很满意，决心充分利用他所获得的所有机会，同时也承担起伴随着成为科学和残疾人的全球榜样而带来的责任重担。简越来越觉得她和家人跟不上他的步调了，而霍金却很满足于一个人冲锋陷阵，他在伊莲的陪伴下周游世界。与此同时，简还有乔纳森的陪伴，她更喜欢远离闪光灯，追求例如教课、种花、唱歌和宗教等爱好。1990 年夏天，霍金告诉简，他要离开她跟伊莲在一起。他们搬离了位于韦斯特路的家，一起搬进了别的地方。1995 年，霍金和简离婚，跟伊莲结婚。两年后，简和乔纳森结婚了。在结婚 11 年后，2006 年霍金和伊莲在霍金遭受了身体和情感虐待的传闻中离了婚。

虐待指控

在 2000 年和 2003 年，警察调查了由霍金的护工和家人举报的他遭受虐待的指控。嫌疑人是伊莲·梅森。未提及姓名的线人向报纸提出指控，说霍金身上有被虐待的迹象：瘀青和划痕、羞辱对待、故意将他的气管开口浸入水中，还有把他留在太阳底下直到他中暑。霍金本人强烈地否认了所有这些指控，于是警察也就放弃了调查。

第7章

明星科学家

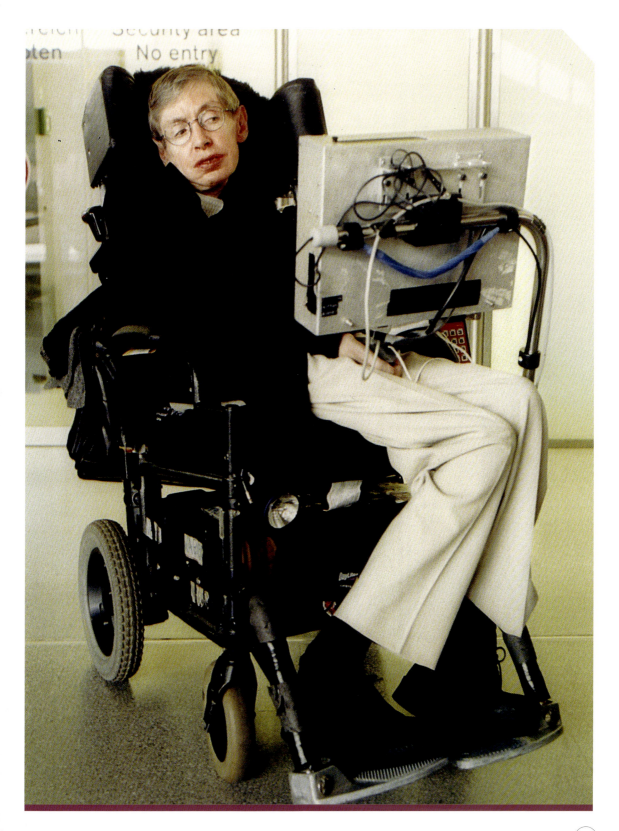

野心勃勃

《时间简史》的巨大成功，加上霍金的科学和个人成就，给他打开了一个全新的世界：成为国际名人界的阔佬。他也充分利用了这个身份。

从 1989 年到他生命终止，霍金一直保持着几乎不间断的忙碌的行程，在世界各处抛头露面、访问和参加项目。

奖彰和荣誉继续铺天盖地而来。其中值得一提的包括 1989 年被授予的荣誉勋爵，那是一项每次只授予 65 名英国人的皇家荣誉，尽管后来霍金因为政治原因拒绝了该爵位。前一年他在耶路撒冷接受了沃尔夫奖，这是一个在科学界享有盛誉的奖项，仅次于诺贝尔奖，随后一年他又在哈佛大学被艾拉·费兹杰拉（Ella

（对角图）比尔·克林顿总统和霍金在白宫举行的千禧年之夜活动现场，后面屏幕上是霍金在《星际迷航：下一代》中客串的画面。

（左图）霍金出现在1991年埃罗尔·莫里斯导演的电影《时间简史》中。从此，他成了一位电影明星和畅销书作家，还是一位获奖的科学家。

Fitzgerald）献唱小夜曲，并跟她一起被授予了荣誉学位。霍金的这个学位被加进了他已经获得的牛津大学和剑桥大学还有其他很多学校授予的荣誉学位列表中。

也是在1990年，斯蒂芬·斯皮尔伯格（Steven Spielberg）联系霍金，他想制作一部关于《时间简史》的纪录片电影。这部电影后来由知名的电影制片人埃罗尔·莫里斯（Errol Morris）执导，并拿下了多项大奖。随着霍金的知名度日益攀升，他的报告和讲座也吸引了更多的听众。1993年，人们排几小时的队只为能抢到霍金在旧金山附近的伯克利举办讲座的报告厅里的位子。而在1995年，霍金在伦敦的皇家艾伯特演奏厅为渐冻人症进行慈善募捐的活动也是座无虚席。1998年，他又应美国总统比尔·克林顿邀请，在白宫千禧年之夜系列讲座上做了一场报告。

（上图）2003年8月19日，霍金在斯德哥尔摩大学的一个宇宙学家座谈会上作报告。在座谈会开始前，他接受了奥斯卡·克莱因奖章。

霍金的国际旅行丰富多彩。日本是他最喜爱的国家，他一共去过7次，那里的子弹头列车到站准时，还有清晰的停靠时间表，可以更方便霍金的轮椅上下车。他的旅行范围从智利、印度到韩国，甚至1997年他和基普·索恩还有其他科学家一起去了南极洲。2000年后，他大部分时间都是坐私人喷气式飞机旅行，他旅行的节奏也是毫不间断。例如，2003年，他先在得克萨斯州农工大学的米切尔基础物理研究所待了一个月，然后去参加了加州大学戴维斯分校的宇宙膨胀会议，随后又去接受了瑞典皇家科学学会的奥斯卡·克莱因奖章（Oskar Klein Medal），之后又在加州理工学院待了两个月，接着又在俄亥俄州克利夫兰的凯斯西储大学待了一段时间。2005年，他访问了8个不同的机构和地方，其中包括接受华盛顿史密森学会颁发的詹姆斯·史密森二百周年纪念奖章。

（下图）1990年，霍金在东京。尽管他去过很多地方，但他最常去的是日本。

零重力飞行

霍金最著名的探索之一是他在2007年的一次零重力飞行, 体验了历时四分钟的无重力状态。总部位于佛罗里达州的零重力公司将他带进一架改装过的喷气式飞机里, 然后从肯尼迪航空中心起飞, 进行了数小时的盘旋和俯冲, 以此作为霍金激发大家对太空探索的兴趣的一部分 (见第142~143页)。他同时也想证明, 正如他一生中已经多次展示过的一样, 残疾并不能成为探险的障碍。

（上图）霍金在自由落体中, 他在一架向下俯冲的飞机上, 可以体验失重的状态, 切身体会了一把爱因斯坦最著名的思想实验之一。

问题赌徒：霍金其他的科学赌约

霍金非常享受他在20世纪70年代跟基普·索恩关于天鹅座X-1所打的赌（见第54页），之后又继续就其他科学问题打了很多赌。

由于他明星科学家的身份，这些赌注获得了非常高的关注度，有些甚至还登上了报纸头条。他最著名的几场赌约包括：1991年他跟索恩和加州理工学院理论物理学家约翰·普雷斯基尔（John Preskill）关于裸奇点是否存在所打的赌；1997年他跟索恩一伙，跟普雷斯基尔关于黑洞信息丢失所打的赌（见第110-111页）；2000年与戈登·基恩（Gordon Kane）关于希格斯玻色子存在性所打的赌；2001年与南非的物理学家尼尔·图罗克（Neil Turok）关于原始引力波会不会被探测到所打的赌，如果原始引力波确实能被探测到，就可以证明宇宙是膨胀出来的，而不是作为循环连续体的一部分。

霍金与普雷斯基尔和索恩所打的第一个赌，来自一场争论，关于一个奇点——在黑洞中心具有无限密度的一个点，在那里物理定律都不适用——是不是总是被事件视界"包裹着"的争论。霍金同意罗杰·彭罗斯所说的，后者曾经制定了一个"宇宙审查"规则，该规则指出，一个奇点可以做到的扭曲现实、破坏定律的恶

（左图）理论物理学家约翰·普雷斯基尔，霍金在科学问题上打赌的惯常伙伴。

（下页上图）霍金和尼尔·图罗克，他俩就原始引力波是否存在打过赌。

（下页下图）彼得·希格斯（Peter Higgs）和霍金。他们之间的分歧登上了新闻头条。

争斗的巨人

　　1996年，霍金发表了一篇文章，预测希格斯玻色子不可能被发现，2000年，当欧洲核子研究组织的大型电子–正电子对撞机到达其功率极限却仍然没有发现玻色子的时候，霍金从基恩那里赢了100美元。彼得·希格斯并不欣赏这一点，有报道称他在2002年的某次晚宴上跟几个物理学同行嘟囔着抱怨道："想要跟霍金进行讨论是非常困难的，因此他可以逃脱某些评论的后果，其他人却不行。他的明星身份给了他其他人所没有的顺手拈来的权威。"

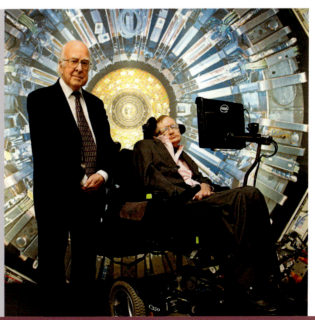

作剧，必须体面地隐藏在事件视界的面纱后面，不让宇宙的其他部分看到。如果无法将信息或者其他任何东西从奇点传给外围的观察者，那么哪怕奇点扰乱因果关系或者允许时空穿梭，它在物理学方面的影响也不会太大，因为这些对更广袤的宇宙并无影响。普雷斯基尔和索恩希望，裸奇点是有可能存在的，并指出如果裸奇点确实存在而且可以被观测到的话，它将对量子引力学领域产生深刻的影响。

1991 年，霍金宣称"裸奇点是一个

被诅咒者，应该被经典物理定律驱逐出去"，并跟索恩和普雷斯基尔打赌说，哪怕在理论上，这种奇点也是不存在的。输家要出 100 美元并"赠予赢家一件衣服以解决裸的问题"，衣服上写有"相称的特许信息"。

令霍金沮丧的是，在 1997 年，得克萨斯州大学奥斯汀分校的马修·肖普提克（Matthew Choptuik）进行的计算机模拟显示，在某些非常苛刻的假设情况下，裸奇点是有可能存在的。霍金拒绝支付 100

（上图）想象时间穿越虫洞的概念艺术图，这种产生悖论的情况让霍金感到沮丧。

（右图）大型强子对撞机一览，叠加在其上的是对量子散射碰撞活动的一个模拟。

上帝粒子

希格斯玻色子有个绰号叫作"上帝粒子"，它是希格斯场的作用力载体（传递一种特殊的相互作用力的粒子）。希格斯场是由苏格兰物理学家彼得·希格斯和其他人预测的一个场，它提供质量给其他粒子，构建这个场的初衷是为了解释在基本粒子和作用力的标准模型中所存在的不一致性或难题。希格斯在20世纪60年代就预测了该场，但是证明它的存在性却太难了，因为很显然，传递这个

场的玻色子必须具有非常大的质量和能量（还记得吗？因为 $E=mc^2$，所以质量和能量是等价的，粒子物理学家常用能量层级来讨论质量）。为了探测到新粒子，科学家会将其他粒子进行对撞，然后观察碰撞产生的碎片。要探测到一个质量如此大的玻色子，需要产生一个巨大的能量碰撞。20世纪70年代到21世纪的一系列大型粒子加速器就被寄希望于可以达到这些能量级。

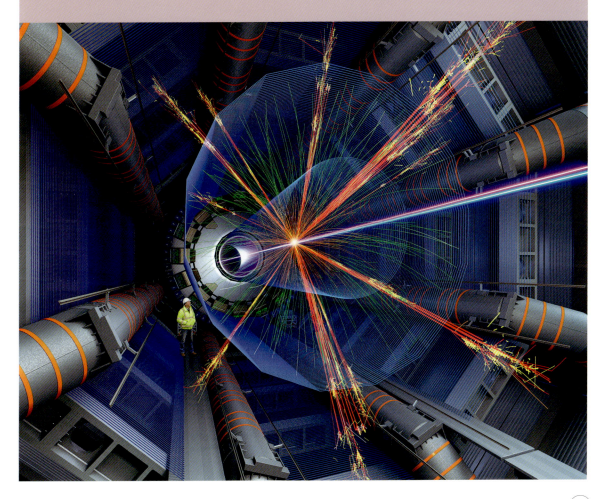

（下图）2006年，霍金访问欧洲核子研究组织。他经常访问那里并跟那里的理论物理学家进行合作。

美元，尽管他还是送给了普雷斯基尔和索恩每人一件 T 恤衫，但上面印着一个裸体女人图像且写着"自然厌恶裸奇点"。霍金后来草拟了一个修改版的赌约，重新润色了语言以排除特殊情况，不过这个版本最终没有被执行，尽管 2017 年的工作证明了霍金和彭罗斯最终可能是正确的。

2000 年，霍金跟密歇根大学的物理学教授戈登·基恩打了一个赌，赌希格斯玻色子（见第105页和第106页的方框）能否被发现。这场赌约源于霍金和彼得·希格斯的一次不体面的争执，他们俩是英国物理界的两大元老，而那次争执也显露了霍金的同辈对他和他的明星身份的态度（见第105页方框）。

霍金被希格斯的评论惹怒了，尽管两位在私底下把事情平息了下来，不过随着当时最强大的粒子加速器，欧洲核子研究组织的大型强子对撞机在 2008 年临近启动，气氛又紧张了起来。霍金跟基恩又赌了 100 美元，看大型强子对撞机是否能探测到希格斯玻色子，还通过媒体大声宣告，如果这种玻色子没被发现，对物理学来说会更令人激动。希格斯再次公开表示反对，而媒体也推波助澜，使得这次争执处于科学界的风口浪尖。事实上，大型强子对撞机确实探测到了希格斯玻色子，并在 2012 年宣告了这个发现，因此霍金输给了基恩 100 美元。而希格斯则可以好好享受被证实的满足感，还有次年获得的诺贝尔物理学奖，而这一荣誉让霍金难以企及（见第 149 页）。

押注宇宙涟漪

霍金在他的工作中探索了膨胀理论的许多方面，这是一个已经被广泛接受的理论，解释了我们的宇宙是如何从宇宙大爆炸变成现在这样子的。膨胀理论指出，在大爆炸之后的瞬间，时空以难以置信的速度膨胀，从而产生了今天我们看到的大部分都是光滑、均匀的宇宙。霍金和其他人预测，宇宙膨胀的证据存在于宇宙微波背景辐射中，并以大爆炸生成的引力波留下的涟漪或者跃迁的形式存在。对这些涟漪的成功探测可以作为原始引力波的证据，从而可以证明宇宙膨胀。南非物理学家尼尔·图罗克是为数不多的对于宇宙膨胀理论持异议的人之一，他主张可能存在其他解释。他发展了一个宇宙周期性的理论作为例子，该理论推测说在宇宙微波背景中不存在涟漪。2001年，霍金和图罗克就引力波是否会被探测到打了一个赌。2014年，一个寻找这些涟漪的小组宣称它们已经被探测到了，从而登上了全球的新闻头条。霍金愉快地向全球媒体宣称，他已经赢得了这次打赌，还向图罗克讨要输了的200美元。图罗克明智地提醒他要谨慎，而当那个小组承认其探测到的涟漪事实上是由银河尘埃造成的假象时，霍金觉得太丢脸了。

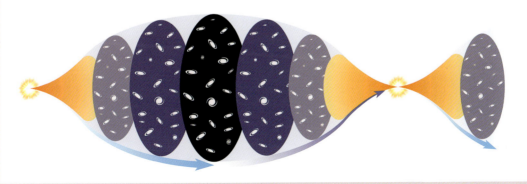

（上图）宇宙周期性的扩张和收缩的示意图。

信息损失逆转

到2003年，霍金和萨斯坎德以及其他人关于落进黑洞的信息命运的争论，已经持续了二十多年。

在那年的一次会议上，为了庆祝萨斯坎德的全息理论得到进一步的支持，他将霍金比作一个迷失在丛林里，还没意识到战争其实已经结束的战士。当霍金因为另一场与肺炎的生死较量住院后，在康复过程中，他终于有时间来考虑如何应对了。在随后那年，他已经准备好要发表一个声明了，这被大部分人认为可能是公开观点上的彻底转变。

（上图）在2004年的都柏林会议上，约翰·普雷斯基尔举着霍金给他的棒球百科全书，霍金承认输掉了跟他就黑洞信息丢失打的赌。

历史求和

理查德·费曼的"历史求和"或者"路径求和"方法描述了如何用量子力学来表示现实世界中的事件。因为量子力学是概率性的，所以对量子力学来说，一个从点A到点B的粒子可以有无限条可能的路径，尽管其中的大多数是极不可能的。实际的路径可以通过将全部概率相加（求和）得到。通过这种做法，它们中的大部分会相互冲突，也就是说，它们彼此会互相抵消，只有实际的路径被留下了。对于"路径"来说，我们可以用"事件序列"或者"历史"将其替换，因此这个方法也被称为"历史求和"。霍金尝试用这个方法解决黑洞具有的诸多可能的不同历史的问题，这个相同的概念后来又再次出现在他最后做的关于宇宙历史的工作中（见第124页，"自上而下的宇宙"）。

（右图）根据量子力学，在描述一个粒子如何从点A到点B时，需要将它可能经过的路线都加起来。

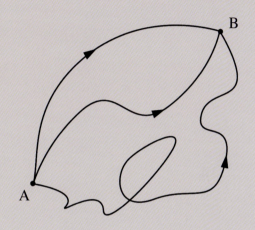

霍金以他特有的表现力提前告诉大家，他将会在都柏林的一次会议上做个公告，全球的媒体蜂拥而至，这让许多科学家都很困惑。霍金登上台，宣告说他确实已经想清楚了，信息落进黑洞时是没有丢失的，不过他随后对这个结论所给出的全新且晦涩的解释却让许多人又困惑了。基于理查德·费曼的历史求和理论（见上面的方框），霍金提议道，虽然信息在我们的宇宙中可能会丢失，但是当我们将所有可能的历史包括那些从未有黑洞形成过的历史考虑在内时，信息其实会被完整保留下来。

然后他继续装模作样地对他和约翰·普雷斯基尔在1997年关于信息落进黑洞是否会丢失所打的赌做出了让步。霍金让普雷斯基尔用一个棒球百科全书代表讨论中的信息，而普雷斯基尔得意扬扬地向镜头挥舞着那本书，他后来说当时就像他赢了温布尔登网球公开赛在炫耀奖杯一样。对许多与会者而言，霍金的解释毫无说服力而且缺少细节，这件事情至多算是让人觉得莫名其妙，最坏的情况是这是霍金劫持了这次会议来提升自己媒体形象的一个噱头。

时间旅行者的聚会

科学传播者和普及者的身份对于霍金来说越来越重要了，他对隆重而公开的形象的喜爱程度也加重了，不过其他人可能将之描述为噱头。一个显著的例子是他在2009年举办的一场聚会，不过人们是在一年之后才被邀请的。霍金举办该聚会的目的是证明时空穿梭的观点。

在时空结构里的奇点给传统物理带来的一个挑战是，它们或许使沿时间逆行成为可能。回想下时空的橡胶薄片模型，一个奇点就像是一个无底的井。如果这样的两个井连接在一起会怎样呢？这会创造出从时空的一个区域到另外一个区域的一条隧道或者路径，称为虫洞。

霍金被基普·索恩的一条建议搞得忙碌不已，索恩已经计算出在外来物质的帮助下，虫洞的孔喉可以被打开，这将允许人们穿过它，从而进行时空穿梭。如果时空穿梭真的有可能，就会产生许多悖论（见方框），而且可能会违反因果关系和守恒定律。

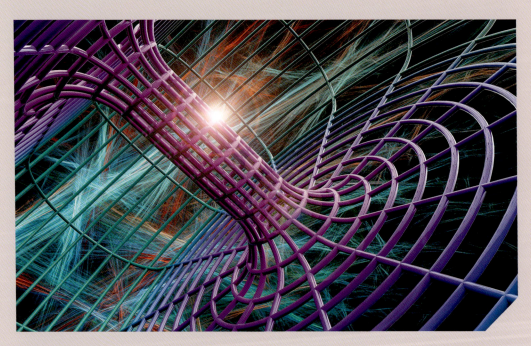

（上图）虫洞的概念图，基普·索恩提议该现象可以用来穿越时间回到过去。

霍金提出了他所称的时序保护假说：宇宙以某种方式阻止时空穿梭的发生，以此来避免产生那些悖论。如果他是错的，那么在时空穿梭发明之后，来自历史中的任何一个时间点的时空旅行者都可以穿越时空来参加聚会，哪怕在聚会发生之后才告知公众也没有关系。2009 年 6 月 28 日，霍金准备了一个房间，里面放着气球、点心和一条写着"欢迎你，时空旅行者"的横幅，不过，他遗憾地说"没有人来"，尽管如此，他在随后的 2010 年的电视系列节目《与斯蒂芬·霍金一起了解宇宙》中向公众发出了邀请。邀请函上面写道，"诚挚地邀请你参加为时空旅行者准备的招待会"，并给出了聚会的具体时间和地点。霍金说，没人出现的这个事实证明了时空穿梭永远不会被发明，因为它确实是不可能的。

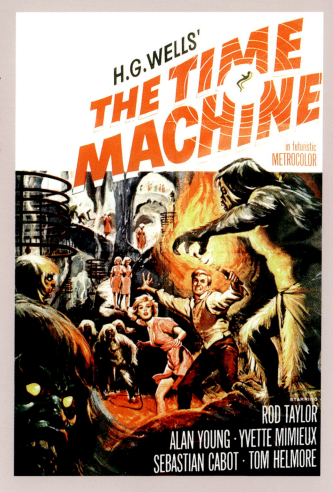

（上图）正如赫伯特·乔治·威尔斯（H.G.Wells）的《时间机器》提议的，时空穿梭必定会引发让人不悦的并发症。

时空穿梭悖论

最著名的时空穿梭悖论之一是祖父悖论：一个时空穿梭者可以回到过去杀死他的祖父，这就意味着他永远不可能生出来，因此他也就不可能在刚开始进行时空穿梭。另一个悖论叫作本体论悖论：如果将来的你穿越时空回到过去，让过去的你知道了时空穿梭的秘密，并且用它建造一台时间机器穿越到过去，并告诉自己时空穿梭的秘密，那会怎么样？这个主意最开始是怎么来的呢？

第8章

大设计

末日预言

作为可能是世界上最著名的科学家，霍金逐渐被视为无所不懂的智囊，特别是在关于科学、技术和未来的玄奥声明方面。他在这个角色中最持久的主题之一是收集有关文明和对人类种族存亡方面的威胁。

霍金第一个高调的警示是在 1998 年，他在白宫千禧年之夜系列讲座上作报告，他提到了人口过剩和消费过度的风险，还阴郁地讲到了恶性基因工程的危险。然而，霍金早在 1994 年就开始敲响世界末日的警钟了，当时他在波士顿的苹果世界博览会上作报告，提到了计算机病毒带来的威胁，那是由人类自己制造的类似科学怪人弗兰肯斯坦的新的生命形式。这个会议备受瞩目的另外一个原因是，在这个场合，霍金首次提到了针对陆地对人类存活的限制的解决方案（见方框）。

随着新千禧年而来的是来自霍金的加速

冯·诺伊曼探测器

在指出人类寿命对于星际探索来说太短之后，霍金兜售了自我复制太空探测器的概念（也叫作冯·诺伊曼探测器，以该匈牙利裔美国物理学家的名字命名，他是第一个给出这个提议的人）。如果找到合适地点的话，该探测器可以在漫长的探索过程中存活下来，并建造和派遣出更多的探测器。人类需要找到某种方法进行外星系殖民，从而降低作为单一星球物种所带来的风险，这将成为霍金声明中的常见内容，也导致他参与了一些非常大胆的计划（见第143页）

（右图）约翰·冯·诺伊曼。他首先提出了自我复制的机器人探测器是星际探索的最好选择。

发布的一系列世界末日警告。2001 年，
由于"9·11 事件"，他再一次提到了人
造生命形式（那个时候他脑子里想的仍然
是计算机病毒）的危险和人类进行太空殖
民的必要性。2007 年，霍金和他现在已
经是皇家天文学家的朋友马丁·里斯爵士，
出现在皇家学会并戏剧化地展示了他们对
未来的恐惧。他俩主持了"末日之钟"的
启动仪式，那是由原子科学家公报设立的
象征性的装置，用来展示文明终结启示录
目前的威胁级别（午夜零时象征着世界末
日来临）。

（左图）2007年1月17日，霍金在伦敦为原子科学家公
报发表演讲。

（上图）霍金在2012年伦敦残奥会开幕式。他利用自己
的明星身份警告大家关于世界末日的威胁。

（上图）2007年，霍金在原子科学家公报会议上。

到2010年代，霍金的关注点转移到了自己认为的对人类的两大威胁上，不过它们并不是平常认为的例如小行星撞击和核战争等，而是凶猛的人工智能和气候变化（见对角方框）。人工智能涵盖了一切，包括可以自己做出简单决定（比如分辨黑和白）的计算机程序，到至少跟人类一样聪明的有感知力的机器人。在霍金谈论这个话题的时候，他指的其实是后者，与其他知名人物包括企业家和工程师埃隆·马斯克（Elon Musk）一样，他一直在直言不讳地指出人工智能的变革性和潜在的灾难性后果。例如，在一篇文章中，他警告说："成功创造出人工智能会是人类历史上最重大的事件。不幸的是，它也可能是最后一个大事件，除非我们学会如何规避风险……虽然人工智能的短期影响在于操控它的是谁，其长期影响则取决于它到底能不能被完全控制住。"

2015年，在红迪网（Reddit）——一个社会新闻和网页内容评分网站——论坛上，霍金进一步阐述了这些观点，认为风险不是

火球地球

气候变化带来的威胁日益严重，促使霍金对外发布不断缩短的灾难迫近的时间表。例如，在2016年，他断言"在下一个千年或者万年之内，行星地球的灾难将几成必然"。在2017年北京的一场峰会上，他警告说，在600年内不可控制的全球变暖会将地球变成一个火球，并指出"最坏的情况是地球会变得像它的姐妹行星金星那样，温度250°C，还下着硫酸雨"。那年晚些时候，霍金将这个倒计时缩短为一个世纪，他在纪念自己75岁生日的英国广播公司的纪录片《斯蒂芬·霍金：远征新地球》中宣称："只要100年，人类就必须要开始殖民另一个行星了。"

（上右图）艺术家对于金星表面的描绘。如果对霍金的警告不予以重视的话，地球的命数就近了。

来自邪恶的人工智能，而是来自漠然的人工智能。"你可能并不是一个出于恶意而踩蚂蚁的邪恶的仇恨蚂蚁的人，"他告诉一个红迪网用户说，"但是如果你负责一个水力发电的绿色能源项目，而在将要被淹的区域有一个蚂蚁窝，这对蚂蚁来说太糟糕了。所以我们还是不要在蚂蚁那里讨论人性了。"霍金也警告说，人工智能可能会加剧不公平和压迫。他还反对人工智能武器，声称他非常担心"自动武器可能会变成明天的卡拉什尼科夫冲锋枪（Kalashnikovs）"。

（下右图）图中展示了在过去一个世纪中，因为全球变暖，地球表面平均温度在持续升高。

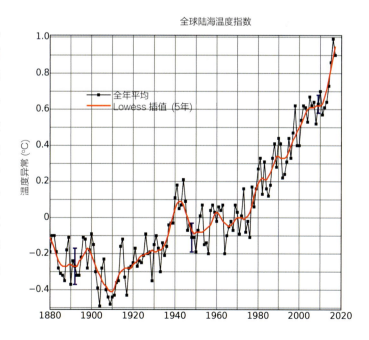

全球陆海温度指数

（图例）
全年平均
Lowess 插值 （5年）

纵轴：温度异常（°C）

M理论

基于在量子引力学、黑洞熵和霍金辐射等方面所做的开创性工作，霍金已经树立了自己的雄心壮志，他认为自己可以在爱因斯坦失败的地方获得成功，那就是完成对于物理学不同且互不相容的理论的大综合：万物理论（见第63页）。

斗转星移，霍金对于获得这样成就的可能性和这样一个万物理论的存在性的看法不断发展且日益成熟（见对角方框）。

M理论不仅统一了五个不同的弦理论，而且还包含了一个叫作11维超引力的非常复杂的粒子物理理论。M理论看起来是万物理论的不二选择，而事实上宇宙学家如胡安·马尔达西那（Juan Maldacena）也确实成功地用它在某些特定情况下成功地将相对论和量子物理相融合。霍金也支持这个理论，比如他发展了一个离奇古怪的理论，提议说我们四维的时空宇宙是一个11维的影子膜宇宙的全息投影（见第122页的方框）。

然而，更普遍的情况是，霍金其实是在与万物理论背道而驰。到2002年他已经在提议说弦理论、超引力理论、M理论和其他所有理论，可能是我们对最终不可知的更大场景唯一一瞥了。他在保罗·狄拉克的百年庆典上对一个听众说道："如果没有一个终极理论被构造出来，某些人会很失望的……我曾经属于那个阵营，不过我已经改变主意了。"

在霍金最后一本重要的科学畅销书籍——他2010年跟美国理论物理学家伦纳

（上图）美国理论物理学家伦纳德·蒙洛迪诺，霍金在生命晚期与他一起合作。

弦革命

跟其他大部分物理学家一样，20世纪80年代霍金因弦理论的发展而兴奋不已（见第71页）。它看起来似乎是万物理论最有希望的候选者，特别是在所谓的"第一次弦革命"中，它与粒子物理的超对称理论相结合而创造出了超弦理论。

然而，对超弦理论的进一步研究揭露了一个更复杂的图景，而且没有清晰明确的方向。存在着至少五种不同的、自恰的弦理论，而且找不到其中任何一个比其他的更准确的证据。1995年发生了第二次弦革命，以爱德华·威顿（Edward Witten）为首的物理学家提出，相互矛盾的十维弦理论可以通过增加第十一个维度来融合成一个统一整体的不同方面。增加另一个维度到弦里将它们有效地变成了薄片，或者用物理的术语来讲，变成了膜，这个新方法被相应地称为M理论。

（下图）M理论中膜的概念图。

德·蒙洛迪诺（Leonard Mlodinow）合作的《大设计》中，霍金详细介绍了 M 理论。他也还对有争议的话题例如"依赖模型的实在论"（见下页方框）进行了探讨，辩论说宇宙是被自发创造的，因此不需要有一个造物主上帝，书中还描述了他的自上而下的宇宙学理论、多重可能现实和霍金版本的人择原理（第 124—127 页有更多内容）。

影子膜宇宙

对于扩张宇宙的一个经典概念类比，是将时空看成一个气球的表面。随着气球膨胀，时空会变大，气球里面的物体彼此的距离会越来越远。这个类比的一个关键是它是有限的：气球是没有内部的，将我们的宇宙概念化为气球的表面纯粹是类比，因为在现实中它是四维的，而不是二维的。然而，根据霍金对于 M 理论的一个解释，这个类比应该得到更进一步扩展。M 理论认为，我们的四维宇宙只是许多可能的膜之一，不同的膜是该理论所描述的 11 维的不同结构。可能存在超出我们宇宙之外的更高维的膜，但是我们未能察觉，因此有时也将其称为"影子膜"。霍金认为，我们的四维宇宙只是这种高维影子膜的一个全息投影，他还说我们的宇宙其实只是一个更高维气球外面的皮。

（上图）概念艺术图显示，在两个膜碰撞的地方诞生了一个宇宙。

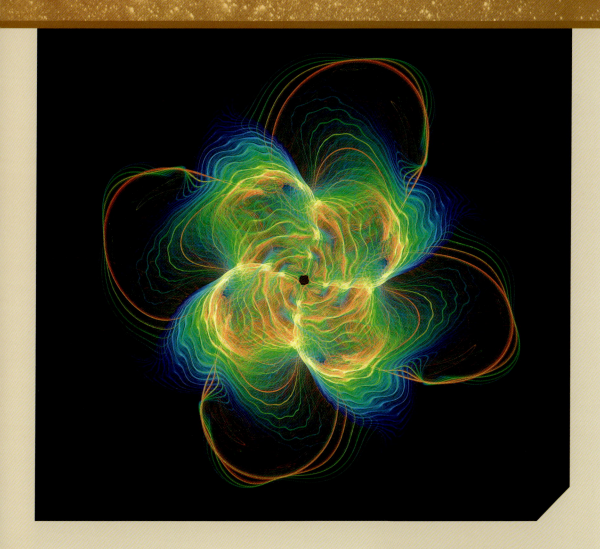

（上图）量子引力场的一个概念图。描述量子引力曾是霍金的雄心抱负之一。

依赖模型的实在论

这个理论主张，我们只能通过模型或者脑中对现实的表征来考虑现实。霍金和蒙洛迪诺在他们的书中解释说："不存在脱离于图片或者理论的关于现实的概念。"批评者指出，在他们书里，霍金和蒙洛迪诺似乎暴露了他们在哲学上的无知——依赖模型的实在论是可以一直追溯到伊曼努尔·康德（Immanuel Kant）以及其他一些人的陈旧的哲学观点的修补和完善——和语无伦次：他们既认为模型创造现实，又认为存在超越模型之外的现实，可以通过更好的模型对其进行更近似的模拟。

自上而下的宇宙

从20世纪80年代起，霍金就开始借助于人择原理（见对角方框）来支持他的宇宙观点。

1999年，他和尼尔·图罗克提出了一个宇宙诞生的模型，用来解释宇宙是如何从由霍金的无边界假说预测的封闭宇宙变成一个持续扩张的宇宙的。他们描述了一种原始粒子宇宙，并将它比作一个豌豆，因为尽管它无限小，却跟豌豆有类似的质量，是一个很小而且稍微有些皱的球体。他们把这个原始豌豆称为瞬子（instanton，因为它只能存在于一瞬间），并用它来解释膨胀的宇宙是如何由我们今天在宇宙中观测到的引力、物质、空间和时间一起结合而产生的。

（上图）2008年，尼尔·图罗克在南非好望角成立的非洲数学科学研究所的成立仪式上，尼尔·图罗克和朋友霍金的雕塑合影。

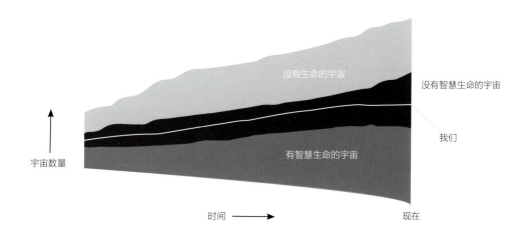

没有生命的宇宙

宇宙数量

没有智慧生命的宇宙

我们

有智慧生命的宇宙

时间 ⟶

现在

（上图）金发姑娘问题（Goldilocks problem）的一个解释是，存在巨大数量的宇宙支持智慧生命，这就使得我们最终得到其中一个的结果不那么引人注目了。

人择原理

在描述我们宇宙的时候，宇宙学家有时会引用"金发姑娘原理"（Goldilocks Principle）：它的所有基本参数和自然法则都设置得恰到好处，能允许智慧生命的存在。这是一个谜；不过看起来容易理解的是，这些基本参数，例如引力或强力的强度，可能跟它们现在的值不一样，不过如果它们不一样，现在我们所知的物质可能就不存在了，智慧生命也永远不可能存在。宇宙的设置看起来像是绝对精确地根据我们的利益裁剪（或者说"微调"）过了。一个解释此点的论断是，可以换个方法看待这个问题：我们能观测金发姑娘原理的唯一原因是宇宙确实适合生命。如果它不适合的话，我们就不会在这里，这个问题也就不存在

了。这被称为人择原理。霍金刚开始是排斥人择原理的，因为他发现人择原理在哲学上并不令人满意，并争辩说它并不能真正解释任何事情。不过他推翻了自己的主张，但其他的许多宇宙学家并没有，在他们看来，人择原理要么仅仅是循环逻辑，要么是对于宇宙设计的某些主导规则的诉求。一个可能的类比是，一个实验对象准确地猜到了连续抛一枚硬币一百次的最终结果。我们可以说这个人只是运气好，如果不是因为运气好，那就没什么能解释这个了。或者，有人可以坚持说肯定存在某种合理的解释，而且尝试去理解它。

然而，瞬子理论的一个主要缺点是，它对后来宇宙的无数可能的演变进行了推测，但是几乎没有一个看起来像我们自己的宇宙。为了挽救瞬子理论，霍金诉诸于人择原理。只要预测的结果中有一个允许智慧生命的存在，那就有立场说理论跟现实相符，因为这确实是我们观测到的结果。2006年，霍金跟比利时物理学家托马斯·赫尔托格（Thomas Hertog）合作，提出了一个他们称为"自上而下的宇宙"

（上图）比利时物理学家托马斯·赫尔托格，他是霍金最后的合作者。

的理论。这个是霍金发展出他的无边界假说的起始点，他对宇宙进行了量子力学描述，而且用费曼的历史求和方法对此进行了检验（见第111页）。这两名科学家一致认为，量子力学描述的不是一个单独的历史，而是所有历史的一个累加。所有的这些可能都以量子物理学家描述的"叠加"形式被包含在宇宙最初的波形式里。也就是多个可能的事件同时共存，直到叠加效应坍塌，得到一个唯一的结果。霍金和赫尔托格的想法是，与其假设一堆初始条件，然后算出哪个历史必须从这些条件中演变而来——这可以被叫作"由下而上"方法——更合理的是从结果出发，往回推算，也就是自上而下的方法。通过审视最终成果，我们可以计算出将无限个初始可能变成唯一结果的选择过程。赫尔托格将这个方法描述为现在"选择"过去。因为目前的宇宙是支持智慧生命的那一个，我们可以通过倒推，来展示这个选择过程是如何进行的。霍金已经不再像早期那样会追问"宇宙是如何起源的？"，这个问题是没有意义的——宇宙以各种想象的方式开始，然后在最终结果的制约下进行演变。

这是对人择原理的一个全新且巧妙的使

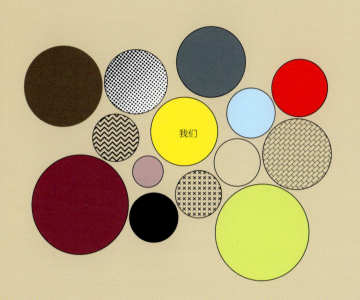

用，可以用来解决 M 理论引起的问题之一，即 M 理论对宇宙如何进化做出了多种同样可行的预测，但是为何几乎没有一个允许智慧生命的存在。大多数 M 理论学家认为，某个尚未可知的原理将会允许他们"修剪"掉这些可能宇宙中的大多数，并将揭示排除的内在规则。不过霍金和赫尔托格争辩说，所有这些不同的可能宇宙是真的存在过的，通过自上而下的方法可以弄清楚我们是如何演变到现在的状态。

（左图）宇宙膨胀可能导致多个"泡沫宇宙"被创造出来，每个都有不同的属性，自上而下的宇宙学解释了我们为什么会存在于支持智慧生命的那个宇宙中。

图中文字：我们

诸多开端，一种结局

一种用相对简单的术语来解释自上而下的宇宙学概念的方法是，让我们回到不可行的成功抛币者的类比。能够猜中一百次连续抛币结果的概率是 0.5^{100}，大概是一千万亿亿亿分之一。霍金和赫尔托格解释宇宙的人为"微调"是从多个可能中作选择后的结果所用的方法，是可以类比下面过程的：从一千万亿亿亿次抛硬币开始，每次抛硬币都排除那些没有猜对的。我们期望最终得到一个连续一百次抛硬币都猜对的人，且无须使用超感官知觉或者其他任何因果解释。类似的，即使宇宙有很多种不同的方法可以从大爆炸的初始点进化，从最终进化的制高点进行回推也没什么神秘的。

第9章

在舞台和银幕上

（右图）霍金在洛杉矶的塞缪尔·戈尔德温剧院参加《时间简史》电影的首映式。

（下图）《辛普森一家》剧集"他们拯救了丽萨的大脑"中的一幕，这是霍金的卡通角色在其中客串的几个场景之一。

纪录片大师

多次在世界各地电视节目上露面的经历，使得霍金成为地球上最具辨识度和最著名的科学家。纪录片制片人都对他这个身份青睐有加，试图分一杯羹。他的名字至少跟八部不同的纪录片或者纪录片系列有关，其中包括《斯蒂芬·霍金的宇宙》（1997年），《斯蒂芬·霍金：宇宙大师》（2008年），《与斯蒂芬·霍金一起了解宇宙》（2010—2011年）和《斯蒂芬·霍金的天才实验室》（2016年）等。

（右图）霍金和其他几个著名的高智商者，亚瑟·C.克拉克（Arthur C. Clarke）和马格努斯·马格努森（Magnus Magnusson）在1988年的纪录片《宇宙大师》中。

身为作者的霍金

    除了众多学术文章和一些学术书籍，霍金还撰写或合写了12本流行的科学书籍。当然没有一本可以重现他第一本《时间简史》（1988年）破纪录的辉煌，不过其中也有不少成了各自门类的畅销书。

    霍金在《时间简史》之后写的书是一本文集——《黑洞、婴儿宇宙及其他》（1993年），它收集了黑洞宇宙学和它们是如何产生新宇宙的文献，还有其他更私人些的材料。《时空本性》（1996年）按照时间顺序记录了霍金和罗杰·彭罗斯之间关于物理学和物理哲学的科学辩论。《果壳中的宇宙》（2001年）意图成为《时间简史》的后续。它刚开始是以随笔集问世的，不过后来在编辑（也是后来他的自传作者）吉蒂·弗格森（Kitty

Ferguson）的帮助下，霍金将它变成了对于理论宇宙学目前状态的一个广泛描述，它钻研了弦理论、M理论、超对称、膨胀、泡沫宇宙、量子宇宙学和历史求和等理论所在的晦涩难懂的世界。这本书使用了海量插图，并且充满雄心地想跟卖了上百万本的《时间简史》一样对前沿的宇宙学做一个同样难懂的论述，2002年，它获得了皇家学会享有盛誉的艾凡提斯科学图书大奖。

    紧接着，霍金又编著了《站在巨人的肩上：

永远别说永不

    《时间简史》的一炮而红引发了一个不可避免的问题（可能来自他的出版商，还有其他一些人），那就是霍金是否会创作下一个续篇。当时他是非常确定自己不会再写，还自嘲地询问如果写的话该起什么样的书名："我该叫它什么呢？《时间长史》？《时间终结之后》？《时间之子》？"答案在2005年被揭晓了，结果是《时间更简史》（*A Briefer History of Time*），那是他与伦纳德·蒙洛迪诺合著的。这本书对第一本书里的某些话题进行了扩展和澄清，也对其最新的进展进行了更新。

（上图）吉蒂·弗格森，她跟霍金合著了《果壳中的宇宙》，后来又撰写了他的传记。

儿童书籍

从2007年开始，霍金和他的女儿露西（一名记者和小说家）合著了《乔治的宇宙秘密钥匙》，该书后来发展出一套系列丛书。这套丛书写的是两个儿童宇宙学家——乔治和安妮——的探险故事，同时也尝试普及一些科学和宇宙学知识。丛书的第五本——《乔治和蓝月亮》——出版于2016年。

（左图）露西和自己跟父亲霍金合著的第一本书，《乔治的宇宙秘密钥匙》。

物理学和天文学的伟大著作集》（2002年），该书是对科学和宇宙学历史上伟大人物的经典文献进行精心挑选而成的作品集，涵盖了从哥白尼一直到爱因斯坦等人物。霍金为本书提供了评论、短篇传记和随附的评论文章。2005年，他出版了该书的数学姊妹篇，《上帝创造整数：改变历史的数学突破》，其中包括数学历史上最重要的31篇文章的摘录。同一类书的第三本给了量子力学，叫作《造就物质的梦：量子物理最惊人的文章以及它们是如何震撼科学界的》，发表于2011年。他作为独立作者的最后一本书是他的自传《我的简史》（2013年）。

（上图）霍金粉丝俱乐部的成员在芝加哥的金星沙丁鱼酒吧，图中最前面的是俱乐部联合创始人苏珊·安德森（Susan Anderson）。

与星共舞

霍金和简的部分故事已经在2004年被拍成了电影，叫作《霍金传》（见第137页），然而在2014年，一部新的传记电影使简一跃成为全球知名人物，同时也稳固了霍金作为他这个时代最著名的科学家的地位。

（上图）在2014年的热门电影《万物理论》中，由埃迪·雷德梅尼扮演的年轻时候的霍金。雷德梅尼面临的挑战是他要扮演时间跨越接近三十年的霍金，在此期间他的病症逐渐显现和恶化。

奥斯卡获奖影片《万物理论》是基于简的回忆录改编的，回忆录最初出版于英国，标题为《移动星体的音乐》，不过后来改成了《飞向无限》。这本书早在 2004 年就得到了编剧安东尼·麦卡滕（Anthony McCarten）的注意，以至于他在说服简授予他版权之前很久就开始着手将它改编成剧本了。麦卡滕在 2009 年与他的制片合伙人丽萨·布鲁斯（Lisa Bruce）合作，花了差不多 8 年时间说服简同意他的改编。布鲁斯回忆说，为了这部电影耗费了"许多口舌，许多杯雪莉酒和许多壶茶"。

对于主角霍金的扮演者，在电影长期的酝酿阶段，有很多男演员在考虑范围之内，包括安德鲁·加菲尔德（Andrew Garfield）和迈克尔·法斯宾德（Michael Fassbender）。然而，导演詹姆斯·马什（James Marsh）在一个伦敦酒馆里

（上图）电影《万物理论》的海报，这部电影主要讲的是浪漫、激情和必不可少的黑板上的方程。

准备表演渐冻人症

雷德梅尼回忆说，自己见过霍金在剑桥做学生时过马路时的标志性剪影，不过他现在面临的现实情况是，他要扮演相当漫长的会引起显著身体变化的整个病程的每一个阶段。他花了四个月阅读和观看他能找到的所有关于霍金的资料，尽管他承认自己看不太懂其中的科学部分。为了抓住角色的体貌特征，雷德梅尼跟编舞亚历山德拉·雷诺兹（Alexandra Reynolds）合作，他还定期去一家神经科诊所，拜访那里的三十多位渐冻人症患者。

（下图）2015年，在皇家歌剧院的英国电影学院奖典礼上，雷德梅尼挥舞着他刚获得的最佳男主角奖奖杯跟霍金的合影。

遇到了英国演员埃迪·雷德梅尼之后，雷德梅尼甚至没有经过试镜环节就得到了录取。此外，由英国女演员菲丽希缇·琼斯扮演简。

在雷德梅尼的准备过程中，最紧张的时刻就是跟霍金本人见面。雷德梅尼试图用关于星座的喋喋不休来打发不可避免的沉默，这促使霍金敲打出了一段非常刻薄的观察结论："我是一个天文学家，不是一个占星师。"在拍摄过程中，霍金在他们重现五月舞会（见第22页）的场景时去探过班，用茶匙喝着香槟酒。当拍摄完成后，霍金去看了电影的试映。当他给出正面评价时，演职人员都长舒了一口气。他称这部电影"大体上是真实的"，而且允许使用受他版权保护的合成声音取代他们一直在用的假的替代品。后来他发邮件给导演，承认说"在某些时刻他觉得是在看他自己"。

这部电影最后取得了影评界和票房的双丰收，特别是雷德梅尼，他扮演的霍金获得了一致的好评。雷德梅尼自己提到，霍金的朋友和家人提到过霍金极具表现力的眉毛，而他便在塑造该令人印象深刻的角色时对自己眉毛的扮相进行了充分的雕琢。在英国的电影首映式上，霍金和简陪同雷德梅尼和琼斯一起走红毯。

颁奖季给电影制作人带来了荣耀，也将霍金一家的形象捧得更高。在英国电影学院奖的颁奖典礼上，这部电影获得了十项提名，并最终拿下了最佳英国电影奖、雷德梅尼的最佳男主角奖和麦卡滕的最佳改编剧本奖。雷德梅尼后来又获得了金球奖和美国演员工会奖，而且成为奥斯卡最佳男主角热门人选。在2015年奥斯卡颁奖典礼上，他真的获奖了。他将这个奖献给了"全世界所有跟'渐冻人症'抗争的人"，还说这个奖其实属于霍金、简和他们"非凡的家庭"。简和霍金对这部电影的评论形成了鲜明的对比：她觉得影片中的科学内容或许太多了，而涉及情感的内容则太少了，而他的意见恰恰相反。

（右图）雷德梅尼和扮演简的菲丽希缇，重现20世纪60年代初期霍金向简求爱的一个场景。

《霍金传》对《万物理论》

对简和霍金故事的两个电影版本进行比较是非常有启发意义的。《万物理论》的时间跨度更长，其中包括他濒死的危机和气管切除术，以及更多这对夫妻的个人生活，比如简和乔纳森的关系，霍金为了伊莲而离开简。然而两部电影的重点都是简和霍金的初见，他的诊断，以及他博士期间在遇到罗杰·彭罗斯之后在奇点上的突破性工作。《霍金传》更准确、更贴近现实情况，而《万物理论》对于时间线和人物具有很大的自由度——比方说，为了将发生在牛津大学的事情放在剑桥大学而合并了霍金的大学生活。尽管这两部电影都没有大量的科学内容，然而《万物理论》对于霍金理论和普通科学内容的处理上是出了名的肤浅，它只用一系列霍金在黑板上写下深奥方程的平庸镜头就搞定了。对这部电影的任何客观评价都应该与霍金自己的评价一致，那就是情感的戏份多于科学。

第10章

遗产

霍金的最后光景

直到去世前，霍金都在继续工作，既有对宇宙学最前沿的研究，同时也在履行他在科学传播和公众参与上的更广使命。

除了领衔与太空探索相关的突破计划（见第142页，"探手星辰"），霍金还在2016年参与制作了英国广播公司的"睿思演讲"。这个久负盛名的系列讲座向公共知识分子提供了一个平台，霍金借此平台介绍自己在黑洞上的最新进展，那段时间他跟其他人合作，为他在1981年创造的黑洞信息悖论提供了一个大胆但极其晦涩的解决方案。

这个新方法是霍金跟哈佛大学物理学家安德鲁·斯特鲁明格（Andrew Strominger）以及他剑桥大学的同事马尔科姆·佩里（Malcolm Perry）共同构想的，声称黑洞之所以能保存信息，是因为它们有"软毛"（soft hair）。这涉及了约翰·惠勒黑洞是

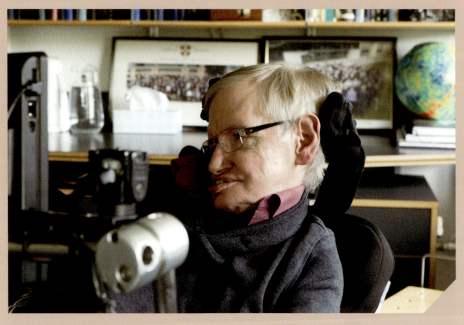

（上图）2015年6月，霍金在他剑桥大学的办公室里。他一直工作到生命的最后几周。

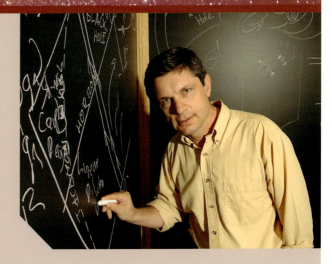

（上图）哈佛大学物理系的安德鲁·斯特鲁明格，霍金跟他合作研究一个关于黑洞信息悖论的新理论。

没有毛的声明，也就是说几乎没有任何个性信息可以用来分辨不同的黑洞。无毛定理（no-hair theorem）已经成为黑洞信息悖论（见第64—67页）中的一个关键因素。霍金、斯特鲁明格和佩里现在提议说，在事件视界附近的真空空间保留着以"软粒子"——某些零能量但性质特殊的光子和引力子（传递引力的粒子）——的形式落入黑洞的辐射痕迹。换句话说，霍金认为他之前对黑洞的无毛假设是错误的，而实际是它们有软毛。霍金等人提出，这些软毛保存了黑洞的信息，哪怕黑洞已经蒸发了。

这种保存的准确机制尚不清楚，而且宇宙学界也有反对的声音，不过软毛假说确实可以做出可检验的预测。比方说，它导致了一个有趣的可能性，那就是这些软粒子留下了一种"引力记忆"，也就是时空结构的一个签名，通过对因时空发生细微改变而导致测量仪器（比方钟表、直尺或者它们的高科技度量器）产生的相应的精细改变进行比较可以检测到。

2016年，霍金喜欢上了一款叫作"科学格斗"的电脑游戏，在这个游戏中历史上著名的科学家可以使用其特有的特殊能力（霍金的是黑洞攻击）进行格斗。他也参加了反对英国退出欧盟的活动，延续了他长达一生支持左翼和自由主义事业的历史（见方框）。

霍金的政治

霍金是英国政界左翼工党的长期拥趸，而且是相关事件的热情拥护者，特别是对国家医疗服务体系，即英国的全民医疗系统。他经常发现自己与政府开支中的优先事项的意见相左，据说他因为非常气愤政府没能给予充分的资金支持英国的科学发展，而在20世纪90年代拒绝了骑士爵位。在他生命的最后一年，他与当时主管国家医疗服务体系的部长杰里米·亨特（Jeremy Hunt）意见不合，被英国广播公司称为"史诗般的争执"。

（下图）当时的英国卫生部长杰里米·亨特，霍金曾跟他就英国国家医疗服务体系的资金问题公开辩论过。

探手星辰

在生命快到终点的时候，霍金充分利用他的地位和形象，推动了一系列雄心勃勃且昂贵的计划。凭借其非凡的能量和活力，他在剑桥创建了一个新的前沿研究中心，还牵头了一项探索宇宙寻找智慧生命的远见计划。

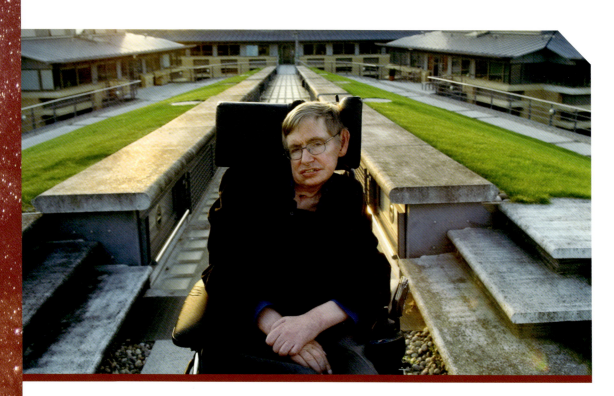

霍金职业生涯的大部分时间都在剑桥大学的应用数学和理论物理系工作。2007年，他牵头成立了一个叫作理论宇宙学中心的新系。它作为剑桥数学科学中心的一部分，是一个高科技现代化的综合办公楼。理论宇宙学中心合并了应用数学和理论物理系的宇宙学研究小组，也是COSMOS超级计算机的所在地。1997年，霍金募资将COSMOS组装成

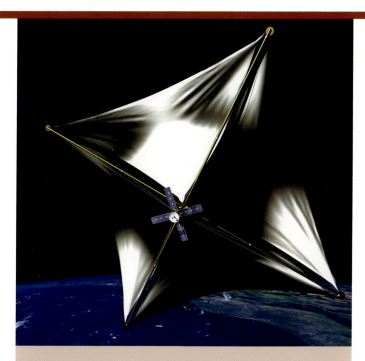

突破摄星

在2016年，霍金和米尔纳大张旗鼓地宣布突破摄星计划启动了，该计划旨在未来，立志于开发一种能够在人类有生之年穿越星际距离的全新的太空飞船。这项计划的目标是开发纳米飞船：一种非常轻的微型航天器，本质上是芯片上的卫星，它的重量不超过4克。这些飞船会被配置在太阳帆上，并通过非常高能的激光加速到接近光速的五分之一。太阳帆是一个能被光子（来自太阳或者人工光源）影响的薄面，靠光子转移自身极小的动量实现加速，类似风吹帆船。

大多数太空飞船的设计都要涉及相对庞大的飞行器。用简单的物理就可以展示，即便使用巨大的远超飞船燃料承载能力的能量消耗，该飞船能达到的速度也不足以完成星际旅途。作为最接近地球的星体系统，半人马座阿尔法星在40万亿千米（25万亿英里，4.37光年）之外。目前已造出的最快的航天器也要花3万年才能到达那里。突破摄星计划旨在将他们的纳米飞船提升到从未想过的速度。就跟霍金在启动仪式上吹嘘的那样，"这样的系统可以在一小时内到达火星，几天内到达冥王星，一周内到达旅行者号，短短20多年就可以到达半人马座阿尔法星。"

（上图）一个太阳帆，旨在将摄星探索加速到相对论速度的技术之一。

（对角下图）霍金在数学科学中心，那是一个高科技现代化的综合办公楼，他从2007年开始就在那里办公。

（下图）2016年，霍金在突破摄星项目的启动仪式上。跟他一起的还有弗里曼·戴森（Freeman Dyson），安·德鲁扬（Ann Druyan），艾维·劳埃伯（Avi Loeb），梅·杰米森（Mae Jemison）和皮特·沃登（Pete Worden）。

了一个用于宇宙学、天文学和粒子物理研究的超级计算机装备。2012年，升级版的COSMOS投入运行，可以提供欧洲最强大的共享内存计算机。

一项更引人注目的计划来自霍金参与的突破计划，那是由互联网投资者尤里·米尔纳（Yuri Milner）资助的一系列雄心勃勃的太空探索项目。霍金成为项目启动的代言人，这些项目包括突破聆听（一项一亿美元的设计寻找地球外智慧生命证据的天文项目）、突破瞭望（一项设计新方法来观测太阳系外可以供人生存的星体的项目）和突破摄星（见方框）。

临终遗言

　　2018年3月14日星期三，霍金的孩子们，露西、罗伯特和蒂莫西发表了一个共同声明，宣告他们的父亲于当日凌晨在剑桥的家中去世了。

　　他们致敬他的"工作和遗产……他的勇气和毅力……（还有）他的才华和幽默"，并引用了他的一句名言："'如果宇宙不是你所爱的人的家园，那就不算什么宇宙。'我们永远怀念他。"

　　确切的死亡原因没有公布，大多数的信息将之简单地归结为霍金的渐冻人症引起的并发症。呼吸和吞咽肌肉的逐渐退化使得渐冻人症患者特别容易患上肺炎，而且考虑到霍金的生命已经多次遭受到肺炎的威胁，这似乎就是他的死因。

　　悼词从世界各地蜂拥而来，其涉及的生活圈范围之广令人不可置信，再次佐证了霍金魅力之大和身份之重要。除了科学界和学术界的人物，致以悼词的还包括政治家、宗教人士、娱乐圈和电影明星，当然还有朋友和家人。

霍金的葬礼于 2018 年 3 月 31 日在剑桥大学的教堂——圣玛丽大教堂——举行，众多祝福者顶着恶劣的天气站在教堂外面。教堂会众聆听了许多人的致辞，其中包括演员埃迪·雷德梅尼，霍金的大儿子罗伯特，霍金以前的学生费伊·道克（Fay Dowker）教授和皇家天文学家马丁·里斯。教堂的钟声响了 76 下，每一响象征着霍金人生的一年。他的棺材上装饰着的白百合代表宇宙，还有白玫瑰代表北极星。

（对角图）2018 年 7 月 15 日，霍金的骨灰埋葬仪式在伦敦的威斯敏斯特大教堂举行。他的女儿露西在她妈妈（左二）的注视下献上鲜花。

（上图）2018 年 3 月 31 日，剑桥大学的圣玛丽大教堂外，成群的祝福者冒雨观看霍金的葬礼队伍的到达。

与巨人们并肩而眠

2018 年 7 月 15 日，霍金的骨灰被葬在了威斯敏斯特大教堂，艾萨克·牛顿和查尔斯·达尔文的遗骸之间。遵从他的遗愿，他的墓碑上刻着他自己以及其他科学界人士认为的他最伟大的成就：黑洞熵方程，也叫作贝肯斯坦—霍金熵方程（Bekenstein-Hawking entropy equation，更多细节见第 48-55 页）。显然，霍金觉得这个方程是他非凡人生和工作的最好墓志铭。

贝肯斯坦—霍金方程：

$$S = \frac{\pi A k c^3}{2hG}$$

遗作

即使他已去世，霍金对宇宙学的影响还在持续。他一直坚持工作到他去世之前，他在2018年3月4日还提交了一篇文章，那时离他去世已经不到两周了。那篇文章是跟他的长期合作者比利时物理学家托马斯·赫尔托格合写的，标题为"永恒膨胀的一个平滑出口？"

（上图）多元宇宙假说的概念图，展示了平行存在的多个不同宇宙。

作为霍金最后一部作品的事实引发了大肆的炒作，有断言说它是霍金最伟大的工作，还有人说它本来可以让霍金拿诺贝尔奖的。实际上，它只是一个非常简化的数学模型的初次探索，作者自己称之为"玩具模型"。这篇文章解决了宇宙膨胀理论——"永恒膨胀"（见方框）——引起的问题。永恒膨胀提议说，我们的宇宙只是有效无穷多个泡沫宇宙或者多元宇宙中的一个，它们中的每一个都可以有一组自然定律的物理参数（比方说，不同的光速常数）。物理学家不喜欢这样的无限选择，因为它解释不了任何事情。当存在无限的不同的本质时，我们怎能解释我们宇宙的本质呢？"多元宇宙理论的传统表达是不能证伪的，"哈佛大学天文学系主任艾维·劳埃伯解释道，"如果任何可能发生的事情都会发生无数次。"

霍金和赫尔托格的文章提出了一个数学论证，即膨胀是受到限制的，因此当一个时空区域停止膨胀（"从膨胀退出"）时，它会以一种平稳的方式停止，而由此产生的泡沫宇宙就无法继续进一步地膨胀。这个工作是霍金正在做的尝试的一部分，那就是限制多元宇宙的增殖，并证明泡沫宇宙的形成必须受到约束，只能像我们实际观测到的那样。换句话说，直到生命的最后，他依然在试图证明，解决"物理定律是从何而来"这个问题是可能的，并且得出一个确定的答案来解释宇宙也是可能的。

永恒膨胀

宇宙膨胀是一个理论，它被创造出来的初衷是为了解释我们的宇宙是如何发展成在理论物理学家看来的相对光滑和平坦的样子的。该理论提出，在宇宙诞生的瞬时，一种神秘的能量导致时空结构的自我膨胀和扩张。不过这个膨胀在数学上的一个难点是，他们推测，当更多的时空以这种方式创造出来时，至少它的一部分会进行自我的膨胀。每当这种情况发生时，一个新的泡沫宇宙就被创造出来，即便这些宇宙的大部分区域停止了膨胀，至少会有一些区域不停止。这样的话，膨胀就会永远进行下去（因此叫作"永恒膨胀"），结果就会出现无限多的泡沫宇宙或多元宇宙。

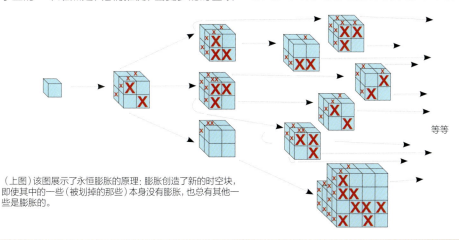

等等

（上图）该图展示了永恒膨胀的原理：膨胀创造了新的时空块，即使其中的一些（被划掉的那些）本身没有膨胀，也总有其他一些是膨胀的。

霍金的科学遗产

很难将霍金的科学遗产从他更广的文化影响里剥离出来。

例如，许多他的死亡通告和讣告都将他称为迄今为止世上最聪明的人，他那个时代最伟大的科学家和爱因斯坦之后最伟大的宇宙学家等。

如此夸张的赞誉不可避免会引发一些反对的声音，像是霍金的同僚就不那么崇拜。比如，在《物理世界》杂志千禧年左右所做的一项调查中，被调查者受邀写下最重要的在世的物理学家，霍金并不在前十之列。因此非常有必要将霍金作为天才偶像的公众形象和他的科学影

（上图）在2015年的斯塔尔慕斯节上，霍金和其他明星参加以他名字命名的科学传播奖的颁发仪式。

（右图）霍金的另一个遗产：东伦敦以他名字命名的一所学校，针对学习困难的孩子建立。

响更清醒地评估和区分开来。

跟许多开拓性的物理学家一样，霍金在年轻时就完成了他最好的工作。他做的关于宇宙奇点的博士工作为后来的大爆炸研究的讨论做好了辩论的铺垫。然而，他后续关于黑洞的工作，特别是他对黑洞熵和霍金辐射的发现以及描述它们的方程，通常被认为是他对科学的主要成就和贡献（见下面方框）。作为他最伟大的科学遗产，这项工作将经得起时间的检验。

为什么霍金方程如此重要？

霍金在宇宙奇点上的工作是对广义相对论、关于空间时间和大尺度宇宙的精彩探索。在他关于黑洞熵的工作中，霍金完成了将引力以及其他物理力和量子力学统一起来的杰出成就，而他的方程展示了如何做到这一点。该方程包括的项：牛顿常数，与引力相关；普朗克常数，与量子力学相关；光速，与爱因斯坦相对论相关；玻尔兹曼常数，与热力学相关。因此它揭示了引力学、量子力学、相对论和热力学之间的深刻关系，而且表明黑洞是探索这种关系的关键。

为什么没获诺贝尔奖？

霍金经常拿获得诺贝尔奖开玩笑，他的许多粉丝肯定也困惑于他为什么没得奖。原因是诺贝尔奖几乎总是颁给对某个理论的证明，而不是理论本身。比方说，因为这个原因，彼得·希格斯必须等到实际检测到希格斯玻色子，才因为预测了它的存在而获得诺贝尔奖。霍金的工作是理论性的，且处理的是尚未发现理论证据的极端现象。例如，霍金辐射只能在亚原子尺度的黑洞中才能被探测到，而这些尚未被观测到或者被创造出来。类似的，他在膨胀和大爆炸理论上的一些工作中对原始引力波做了一些预测，但同样，这些还没有被探测到。类似的证据可能最终会出现，甚至可能在不久之后就会出现，但是诺贝尔奖从不颁给已经过世的人，因此霍金永远无法获得诺贝尔奖。

（下图）模拟微型黑洞的形成，这项成就本可以为霍金赢得诺贝尔奖。

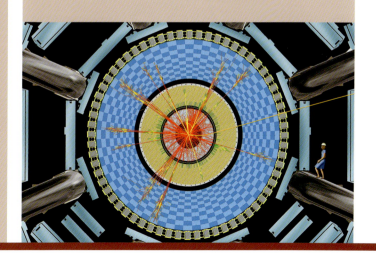

术语

绝对零度：等价于 −273.15 ℃ 的温度（或者是绝对开尔文尺上的 0）；它是可能的最低温度，在这个温度原子会停止振动。

吸积盘：围绕一个例如年轻星体或者黑洞的中心体的尘埃或者气体，被引力挤压成了一个碟状；作用在盘上的力可以造成它释放出电磁辐射。

人择原理：宇宙现在这个样子是因为智慧生命（人类）在这里观察它；宇宙理论必须允许这种生命的存在。

原子：所有正常物质的基本组成部分，包括一个原子核（它又由带正电荷的质子和不带电荷的中子组成）和围绕原子核的带负电荷的电子云。

大爆炸：从一个点开始的宇宙扩张或者爆炸，它被认为是在137亿年前创造了我们的宇宙。时间和空间在大爆炸中被创造了，因此没有东西可以跑到它前面或者外面。

玻色子：带能量的粒子。

守恒：包括物质、能量或者信息等数量不能凭空产生，也不能凭空消失的定律，因此在任何变化或者相互作用前后,总量必须保持不变。

宇宙背景微波辐射：在宇宙中到处扩散的低温微波辐射；大爆炸的余热，也被称为"创世的余晖"。

宇宙学：关于宇宙起源和发展的科学。

电磁力：带电荷的粒子上的电磁场发出的基本作用力；这个场的波被称为辐射。通过交换光子传递。

电子：基本亚原子粒子，带单个负电荷，通常围绕一个原子的原子核旋转。

能量：做功或者造成变化的能力。

熵：乱序，随机性，不可用热能——一个系统内的乱序或者不确定的程度。热力学第二定律是熵总是随着时间增加。

等价性：质量和能量的——事实上，质量就是集中的能量，类似于在一个不同相态的能量，就跟方程 $E=mc^2$ 描述的那样。因此任何质量都有相关联的能量，任何能量都有相关联的质量。

事件视界：一个奇点附近的空间区域，那里的引力超过了光的逸散速度，所以越过这个视界的任何东西都不能逃脱。

作用力：两个物体之间的相互作用，比方它们之间能量的传递；通过类似粒子的叫作规范玻色子的能量包的交换进行传递。

引力波：在引力场中带能量的波；在时空结构里形成涟漪。

引力子：传递引力的假想的基本粒子。

引力：基本作用力；两个大型物体之间的吸引。

膨胀：一个假说：在大爆炸之后几乎瞬时，空间以比光速还快的速度扩张，在 10^{-32} 秒时间内将尺寸加倍了至少 90 次。

光年：光在一年中走过的距离——9.46 万亿千米（5.9 万亿英里）。

质量：一个物体中的物质多少。

物质：具有质量和体积的任何物体。

多元宇宙：从我们自己的宇宙发散出（可能会一直发散）的多个可能宇宙，可能有不一样的物理定律。

中子：不带电的亚原子粒子。

核合成：合成原子核的过程，质子和中子会融合在一起。

原子核：原子的中心部分，几乎所有的质量都集中在那里，由质子和中子组成。

悖论：导致逻辑一致但是互相矛盾的结果的情形或者系统。

光子：电磁能量包；电磁辐射或者光粒子。传递电磁作用力的玻色子。

普朗克常数：设计出来简化量子力学数学的测量单位，描述了量子尺度的规模，包括最小可能的时间和空间单位，和可能的最高温度和能量。

质子：在原子的原子核里带正电荷的亚原子粒子。

量子：物体可以被划分的最小包或者块。对于宇宙在最小尺度的描述，其中所有物体都被分成了离散的单位。

量子力学 / 物理 / 理论：对于宇宙在特别小尺度的描述，其中的对象、粒子或者物体可以被认为与它们的环境是隔离开的，而且以概率性的方式而不是确定的方式运动，就像波和粒子一样。

红移：来自一个相对观察者远离的光源的光波的频率减小或者波长增加，造成了向光谱红端的移动。

相对论：描述空间和时间彼此相关而不是绝对的，还有它们如何跟物质和能量关联的理论。

奇点：空间中的一点，在那里时空的曲率或者说物质的密度变成无限大，物理定律不再成立。

时空：关于宇宙的概念，其中时间被认为是跟三个空间维度一起的第四维，四个一起组成了一个单独的结构或者连续体。

稳态：宇宙模型，没有起源和终结，其中新物质和能量被持续创造出来，以代替消失的物质和能量。

拓扑：对于不依赖于例如弯曲或者拉伸等形状变化的几何和空间性质的研究。

虫洞：两个互不关联的时空区域之间假想的隧道或者桥梁，那里两个奇点已经合并在了一起。

中英对照表

African Institute for Mathematical Sciences
非洲数学科学研究所

amyotrophic lateral sclerosis (ALS)　渐冻
人症

Anderson, Susan　苏珊·安德森

anthropic principle　人择原理

artificial intelligence (AI)　人工智能

atheism　无神论

Aventis Prize for Science Books　艾凡提斯
科学图书大奖

Babbage, Charles　查尔斯·巴贝奇

background microwave radiation　背景微波
辐射

Bardeen, James　詹姆斯·拜尔登

Barrow, Isaac　艾萨克·巴罗

Bekenstein–Hawking entropy equation　贝
肯斯坦—霍金熵方程

Bekenstein, Jacob　雅各布·贝肯斯坦

Berry, Gordon　戈登·贝里

Big Bang　大爆炸

The Big Bang Theory　大爆炸理论

"Black Hole Explosions?" (Hawking)　"黑
洞爆炸？"（霍金）

black hole information paradox　黑洞信息
悖论

Black Hole Wars　黑洞战争

black holes　黑洞

*Black Holes and Baby Universes and Other
Essays* (Hawking)　《黑洞、婴儿宇宙及其他》
（霍金）

Boltzmann, Ludwig　路德维希·玻尔兹曼

Bondi, Hermann　赫曼·邦迪

Breakthrough projects　突破项目

Brexit　英国退出欧盟

A Brief History of Time (Hawking)　《时间
简史》（霍金）

A Briefer History of Time (Hawking,
Mlodinow)　《时间更简史》(霍金，蒙洛迪诺)

Bruce, Lisa　丽萨·布鲁斯

bubble universes　泡沫宇宙

Bulletin of the Atomic Scientists　原子科学
家公报

California Literary Review 《加州文学评论》

Caltech　加州理工学院

"Cambridge survey" (Ryle)　"剑桥观测"
（赖尔）

Cambridge University Press　剑桥大学出版社

Carr, Bernard　伯纳德·卡尔

as cultural icon　作为文化偶像

death of　去世

depression suffered by　遭受抑郁

divorce　离婚

Elaine marries　伊莲结婚

electric wheelchair　电动轮椅

epitaph　墓志铭

fatherhood　父亲时期

funeral of　葬礼

graduate students interpret for　研究生做翻译

interment of　骨灰埋葬

IQ level　智商水平

Jane marries　简结婚

"Lazy Einstein" sobriquet　"懒惰的爱因斯坦"绰号

as Lucasian Professor　作为卢卡斯教授

near-death crisis　濒死危机

PhD studies　博士研究

politics　政治

Reddit posting　红迪网论坛

schooling　受教育

scientific lagacy　科学遗产

temporary memory loss　短暂失忆

21st birthday　21 岁生日

voice synthesizer　声音合成器

Hawking, Timothy (son)　蒂莫西·霍金（儿子）

Hawkingese　霍金语

Hawking's equation　霍金方程

Heisenberg, Werner　沃纳·海森堡

Herschel, William　威廉姆·赫歇尔

Hertog, Thomas　托马斯·赫尔托格

Higgs boson　希格斯玻色子

Higgs, Peter　彼得·希格斯

Hipparchus　希帕克斯

Hooft, Gerard 't　赫拉尔杜斯·霍夫特

Hoyle, Fred　弗雷德·霍伊尔

Hoyle-Narlikar theory of gravitation　霍伊尔 - 纳利卡引力理论

Hubble, Edwin　埃德温·哈勃

Hunt, Jeremy　杰里米·亨特

inflation　膨胀

information loss　信息丢失

instanton theory　瞬子理论

intelligent design　智能设计

"Is the End in Sight for Theoretical Physics?" (Hawking)　"理论物理的结局到来了吗？"（霍金）

Jemison, Mae　梅·杰米森

Jones, Felicity　菲丽希缇·琼斯

Jones, Jonathan Hellyer　乔纳森·赫利尔·琼斯

Kane, Gordon　戈登·基恩

The Key to the Universe　《宇宙之匙》

Labour Party　英国工党

Large Hadron Collider(LHC)　大型强子对撞机

Lemaître, Georges　乔治·勒梅特

Loeb, Avi　艾维·劳埃伯

Lou Gehrig's disease(LGD)　卢·伽雷症

Lucas, Henry　亨利·卢卡斯

M-theory　M 理论

McCarten, Anthony　安东尼·麦卡滕

Macworld Expo　苹果世界博览会

Magnusson, Magnus　马格努斯·马格努森

Maldacena, Juan　胡安·马尔达西那

Marsh, James　詹姆斯·马什

Mason, David　大卫·梅森

Mason, Elaine (second wife)　伊莲·梅森（第二任妻子）

May, Brian　布瑞恩·惠特

micro-black hole formation　微黑洞结构

Milner, Yuri　尤里·米尔纳

Mlodinow, Leonard　伦纳德·蒙洛迪诺

model-dependent reality　依赖模型的实在论

Morris, Errol　埃罗尔·莫里斯

motor neurone disease (MND)　运动神经疾病

multiverses　多元宇宙

Music to Move the Stars (Hawking, J)　移动星体的音乐（简·霍金）

Musk, Elon　埃隆·马斯克

My Brief History (Hawking)　《我的简史》（霍金）

Narlikar, Jayant　贾扬·纳利卡

Nature　《自然》杂志

The Nature of Space and Time (Hawking, Penrose)　《时空本性》（霍金，彭罗斯）

Neumann, John von　约翰·冯·诺伊曼

Newton, Isaac　艾萨克·牛顿

NHS　国家医疗服务体系

Nimoy, Leonard　伦纳德·尼莫伊

North Pole　北极点

On the Shoulders of Giants (Hawking)　《站在巨人的肩上》（霍金）

Oppenheimer, Robert　罗伯特·奥本海默

Oskar Klein Medal　奥斯卡·克莱因奖章

Oxford University　牛津大学

Page, Don　唐·佩奇

panspermia　有生源说

Penrose diagram　彭罗斯图表

Penrose, Roger　罗杰·彭罗斯

Penzias, Arno　阿诺·彭齐亚斯

Perry, Malcolm　马尔科姆·佩里

Physics World　《物理世界》

Pink Floyd　平克·弗洛伊德

Planck, Max　马克斯·普朗克

Powney, Derek　德里克·鲍尼

Preskill, John　约翰·普雷斯基尔

primeval atom　原始原子

primordial black holes　原始黑洞

quantum cosmology　量子宇宙学

quantum entaglement　量子纠缠

Turok, Neil　尼尔·图罗克

uncertainty principle　不确定性原理

universe, expansion　宇宙扩张

The Universe in a Nutshell (Hawking)
《果壳中的宇宙》（霍金）

Into the Universe with Stephen Hawking
《与斯蒂芬·霍金一起了解宇宙》

vacuum　真空

weightlessness　失重

Westminster Abbey　威斯敏斯特大教堂

Wheeler, John　约翰·惠勒

White House Millennium Evening　白宫
千禧年之夜

Whitt, Brian　布瑞恩·惠特

Wilde, Jane (wife) (see Hawking, Jane)
　简·怀尔德（妻子）（见简·霍金）

Wilson, Robert　罗伯特·威尔逊

Witten, Edward　爱德华·威顿

Wolf Prize　沃尔夫奖

Woltosz, Walt　沃特·沃尔兹

Worden, Pete　皮特·沃登

Words+　Words$^+$ 公司

wormholes　虫洞

Zel'dovich, Yakov　雅可夫·泽尔多维奇

zero energy　零能量

zero gravity　零重力

Zuckerman, Al　艾尔·祖克曼

图书在版编目（CIP）数据

霍金简史 / （英）乔尔·利维（Joel Levy）著；左立华，
任轶译. —— 重庆：重庆大学出版社，2022.10
书名原文：HAWKING：THE MAN, THE GENIUS AND THE
THEORY OF EVERYTHING
ISBN 978-7-5689-3438-1

Ⅰ.①霍… Ⅱ.①乔…②左…③任… Ⅲ.①霍金（
Hawking, Stephen 1942-2018）- 生平事迹 - 普及读物
Ⅳ.①K835.616.14-49

中国版本图书馆CIP数据核字（2022）第121115号

霍金简史
HUOJIN JIANSHI

〔英〕乔尔·利维（Joel Levy）著

左立华 任 轶 译

策划编辑 敬 京
责任编辑 敬 京
责任校对 王 倩
版式设计 叶抒扬
责任印制 赵 晟

重庆大学出版社出版发行
出版人 饶帮华
社址 （401331）重庆市沙坪坝区大学城西路21号
电话 （023）88617190 88617185（中小学）
传真 （023）88617186 88617166
网址 http://www.cqup.com.cn
邮箱 fxk@cqup.com.cn（营销中心）
印刷 天津图文方嘉印刷有限公司

开本:787mm×1092mm 1/16 印张：10.5 字数：243千
2022年10月第1版 2022年10月第1次印刷
ISBN 978-7-5689-3438-1 定价：66.00元

Published in 2018 by André Deutsch

An Imprint of The Carlton Publishing Group

Text © Joel Levy 2018

Design © André Deutsch 2018

版贸核渝字2019〔144〕号